Erleuchtungsweg

eines Westlichen Adepten

Spirituelle Autobiografie

Gewidmet den grossen Meistern Kirpal und Ajaib

zu deren Füssen dem Verfasser das grosse Geschenk
spiritueller Erleuchtung zuteil wurde

Siro Guru Dev

www.santbaniashram.it; www.santbaniashram.hu/en; /de

FOTOS.

Meister Sirio	Seite 6
Sant Kirpal Singh	Seite 7
Sawan Singh	Seite 130
Ajaib Singh und Sirio	Seite 131

INHALTSVERZEICHNIS

PROLOG

DIE GESCHICHTE DER ROSE

Herz sprich dich freizügig aus und flüstere es in das Ohr deiner Verzweiflung immerdar.

Lass es verstehen, wie der Zustand einer Rose ist, die nicht mehr von Morgentau wird benetzt.

Die Rose Teil eines wunderschönen Busches war

Und eins mit ihrem Ursprung, voller Seligkeit durch die Einheit mit ihrem Schöpfer vernetzt;

Nie ein Gedanke des Abgeschnittenseins und ein Gefühl der Fremdheit nach dem Verlassen des Mutterschosses

Doch es kam die brutale Hand mit einer scharfen Schere , welche sie mit schnellem Schnitt vom Mutterleib trennte.

Dann kam sie in einen Lehmtopf mit Wasser wie der ausgesetzte Moses,

aber dies war so anders als der Lebenssaft im Mutterleib, der sie auch nicht wie der Morgentau zu befeuchten wähnte.

Sie öffnete sich und war schön und so erfreute sie die Augen derer, die sie abgeschnitten.

Doch die Qual der Trennung liess schnell die Folgen sehen:

Bald vergilbten die Blätter, die Blüten kräuselten sich, wurden dunkel, fielen ab, es liess sich nicht kitten.

Ihre Qual und Pein konnte keiner verstehen.

Doch durch Zufall blieb sie lang genug im Wasser, sodass unten Wurzelsprossen kamen.

Statt weggeworfen zu werden, pflanzte man sie ein, sie wuchs an und begann zu wachsen, so erstaunt sie auch selbst darüber war.

Sie konnte sich nicht vorstellen, dass aus jenem tiefen Schmerz und grosser Angst etwas Gutes entstehen würde in Gottes Namen.

Sie konnte nicht verstehen, dass sie von ihrem Ursprung abgeschnitten werden musste, um ein schöner Rosenstrauch zu werden.

Das Schicksal wollte es, dass nach ausreichend langer Zeit im Wasser Wurzeln wuchsen, welche sie unabhängig machte.

Und fähig Nahrung aus dem Boden zu ziehen, um zu wachsen und sich zu entwickeln voller Ehren;

Um darauf zu einem großen Wurzelstock zu werden, der tausend Rosen für tausend Augen hervor brachte.

Nun ist sie zu einem Lebenskanal geworden und mit ihrer Kraft ernährt sie die vielen Zweige, die sie entwickelt hat,

Träger so viele lieblicher Rosen, die in und von dem Wurzelstock ihr Leben haben und den Lobpreis darauf singen.

Dies ist die Geschichte des Lebens, dies ist das Gesetz des Werdens Macht :

Das Kind wird von seinen Eltern getrennt, um zu wachsen, wird einen Partner haben, um vielleicht zusammen Kinder auf die Welt zu bringen,

Für welche sie ihr Leben geben, durch Opfer, Dienst und Liebe mögen die Eltern zu wahren Menschen werden.

Der Meister ernährt seine Schüler durch sein Beispiel, Seine Liebe und das Wort.

Er wird Seinen Körper und sein Gemüt opfern. Lange füttert Er seine Lieben durch Ratschläge und den Frieden, der aus Seinem Herzen strömt und sie weilen auf Erden.

So werden sie so zu Gesandten Seines Wesens. Die Kinder führen nach des Vaters Tod die Familientradition fort.

Die wahren Ergebenen eines Meisters führen bei Seinem Tod Sein Werk weiter

Und das Leben wird sie dazu bringen, anderen das zu schenken,

was Er ihnen gegeben hat.

Ohne Gegenleistung haben sie empfangen heiter,

und ohne Lohn werden sie es weitergeben müssen als gute Tat.

EINLEITUNG

In meinem spirituellen Leben gab es ein bestimmtes Buch, welches mich ganz besonders inspirierte. In der Tat haben mir viele Bücher über göttliche Einsicht sehr geholfen und immer wenn ich zurückblieb oder der innere Drang aufhören wollte, reichte ein erneutes Lesen aus, den Antrieb und die Begeisterung wieder zu erwecken und so entfachte sich das innere Feuer der Sehnsucht nach Gott erneut und machte das Leben wieder lebenswert.

Jenes besondere Buch aber, „Erzählungen eines Russischen Pilgers", hat mir über all die Jahre und mehr als einmal einen starken inneren Impuls gegeben, der mich diese wunderbare innere Transformation erfahren liess, die nur durch die Wiederholung des heiligen Namen Gottes erfahren werden kann. Ich möchte darauf hinweisen, da dies lebenswichtig für alle ist, die das göttliche Leben und die darauf folgende Umwandlung erfahren möchten.

Nun in diesem Buch, dessen Autor anonym ist, auch wenn man weiss woher er kam und was er tat, wenn man darauf achtet, wie er einzelne Dinge erwähnt, weist er auf die grosse Hilfe und Ermutigung hin, die er bei der inneren Praxis erhielt, indem er die in den Lehren grosser Heiliger las. Weiter sagt er aus, dass jeder Mensch seine Biografie schreiben sollte, denn jedes wirkliche Leben habe eine grosse Bedeutung und wichtige Lektionen zu vermitteln.

Mein großer Meister Kirpal Singh sagte: „Das Geheimnis der Demut liegt in der Erkenntnis, dass es einen Zweck hinter dem Leben jedes Menschen gibt und dass niemand ohne Grund geschaffen wurde. Es gibt einen göttlichen Sinn, versteckt hinter Jedermanns Leben." Daher sollte jemand, der vom Schicksal begünstigt ist und die Gnade hatte, etwas Großes und Göttliches zu erfahren, diesen Schatz zu einem Gemeingut machen. Er sollte jeden befähigen, Inspiration aus seinem Leben zu ziehen, so wir er selbst diese von denjenigen, die ihm vorangingen, empfangen hat. Weiter pflegte Meister Kirpal zu sagen, dass er in seinem Leben durch das Lesen der Biografie grosser Menschen inspiriert wurde, und dass er mehr als zweihundert solcher Bücher gelesen habe.

Dies berücksichtigend und wissend, dass mein Leben nicht mir gehört, sondern dem Einen, der es geschehen lassen wollte, will ich davon berichten, was davon jene begeistern und ihnen helfen kann, den Sinn des Lebens zu suchen und sich zu bemühen dessen Ziel zu erreichen.

In Wirklichkeit ist die Welt eine Bűhne, und wir sind vom grossen Regisseur aufgerufen, unsere Rolle, die Er schrieb, zu spielen. In Wahrheit folgen wir nur einem schon existierenden Skript. Alles Lob und Kritik gebűhren Ihm; wir sind nur Marionetten in den Händen des grossen Puppenspielers und je weniger wir uns mit unserer Rolle identifizieren, um so besser fűr uns, denn alles Leiden entspringt dieser nicht notwendigen Identifikation. Je mehr wir uns als Mitwirkende am gőttlichen Plan erkennen und je mehr wir diese Wahrheit in vollem Bewusstsein leben desto eher erreichen wir den Zustand der Befreiung. Wer sind die Befreiten ? Es sind die grossen Seelen, die auf angemessene Weise „bewusse Mitarbeiter am gőttlichen Plan" wurden und das Spiel des Lebens leben, nicht als Opfer der Ereignisse, sondern als bewusste Mitstreiter die erkannt haben, wie Gott in der Welt und im Leben der Menschen wirken muss. Mit anderen Worten: Sie haben aufgehőrt, Puppen oder unwissende Schauspieler zu sein und sind zu Regisseuren geworden und sind sich nun voll des Zwecks der Arbeit bewusst, die getan werden muss.

Fragen wie „wer sind wir?, woher kommen wir?, wohin gehen wir?, worin besteht der Zweck unseres Daseins, der Welt und des Universums, wurden ihnen bereits beantwortet und sie sind nicht länger Opfer der Unwissenheit und Unsicherheit wie all die anderen Lebewesen.

Ich habe mit diesem Buch also die Absicht, wichtige Ereignisse meiner Transformation und Bewusstwerdung, dass es fűr den Menschen ein Lebensziel gibt, zu erzählen. Dieses Ziel ist die komplette Erkenntnis der unglaublichen Tatsache, dass wir nicht als von allen getrennte Wesen existieren, sondern in der Tat „Eins" oder das „All" sind.

Wenn wir die Identifikation mit diesem getrennten Ich abstreifen und erkennen, dass wir das universelle Ich sind, dann haben wir unser Ziel erreicht und all unsere Probleme und Leiden werden enden. Wenn das Wasser als Regen auf die Erde fällt, ist es rein, wenn es dann über den Boden läuft, vermischt es sich mit Schlamm, Sand, Steinchen und wird schmutzig. Wenn es den Fluss erreicht wird es einen Grossteil des Schmutzes verloren haben, denn im Fluss fliesst viel klareres Wasser. Aber nur wenn es schliesslich das Meer erreicht, ist es von allen Unreinheiten befreit, denn der Ozean ist so weit, dass er kaum auf Dauer verschmutzt werden kann. Während das Wasser sich noch des Flusses bewusst war, hatte es grosse Schwierigkeiten: es traf auf Felsen und Baumwurzeln, wurde von Stauungen durch Blätter aufgehalten, durch Äste oder andere Dinge. Mit dem Fluss vereinigt lässt sich die Wasserflut kaum stoppen. Jetzt erinnert es sich nicht mehr daran, dass es der Bach gewesen ist, jetzt ist es ein mächtiger Strom.

In den Ganges, Po und Tiber münden viele Bäche und Flüsse, welche zuvor Namen und Charakteristika hatten, die sie von einander unterschieden. Einmal mit diesen majestätischen Strömen vereint, ist das Wasser nicht länger der Bach, wie zu Beginn, sondern es wird zum Ganges, dem Po oder dem Tiber. Wenn einer von diesen oder ein anderer grösserer Fluss in das Meer mündet, wer kann dann das Wasser von diesem oder jenem Fluss noch unterscheiden? Das ganze Wasser wird zum Ozean, eine grosse Weite voller Wasser.

So ist es auch mit uns: so lange wir uns mit unserer individuellen Existenz identifizieren, mit unserem separaten Ich, mit unseren persönlichen Nöten, werden wir gezwungenermassen leiden. Aber wenn wir uns ausdehnen – fühlen, dass wir ein Teil der Familie sind und unser Bestes tun, sie zu unterstützen, haben wir schon einen Schritt voran getan. Wenn wir dann die Notwendigkeit feststellen der Gemeinschaft, in der wir leben, zu dienen und wir uns dem Wohlergehen anderer verschreiben, haben wir einen weiteren grossen Schritt der Expansion genommen. Wenn wir alle Bürger unseres Landes als gleich ansehen und wir bereit sind, unsere vorhandenen Mittel - intellektuell und spirituell – mit jedem, der uns begegnet zu teilen, ist dies ein nächster Schritt. Schliesslich empfinden wir Liebe für alle Wesen in jedem Land, gleich welcher Art und Rasse, Kultur oder Religion und wissen, dass all diese Unterschiede nur scheinbar und oberflächlich sind, und dann wird eine grosse Bewusstseinserweiterung stattfinden.

Wenn wir uns zusätzlich zu dieser Ausdehnung oder Perspektive auf intellektueller, philosophischer und praktischer Ebene (indem wir das Vorherige in die Tat umsetzen), spirituell verwirklicht leben, was eine aus einer tiefen mystischen Erfahrung entspringende Einheit bedeutet, werden wir das wirkliche Lebensziel erreichen. Zu glauben, dass wir Mitglieder einer grossen Menschheitsfamilie sind, und dass die Welt ein globales Dorf ist, ist eine wunderbare Sache, aber damit sollte es nicht genug sein. Wir müssen auch die innere Einheit mit der universellen Seele, die die Quelle aller Existenz ist, erkennen, die Einheit mit den Mineralen, Pflanzen, Insekten und Reptilien, Vögeln, Säugetieren und Menschen. Wie geht das; wie kann sich der Einzelne mit dem Universellen Wesen vereinen, wie kann er ein bewusster Teil von allem werden? Wir alle sind in einem Körper gefangen, in einer individuellen Persönlichkeit – dem Empfinden des getrennten Selbst; wie kann man so eins mit Allem werden? Nun, dies geschieht, wenn wir fähig sind, unser Gemüt zur Ruhe zu bringen, unsere Aufmerksamkeit am Sitz der Seele im Körper zu sammeln und schliesslich die Flut der Gedanken aufzuhalten, die ständig durch uns hindurchfliessen. Wenn wir erst einmal diese einzigartige Erfahrung gemacht haben, dann wird sich aus der Dunkelheit, die uns so oft umgibt, wenn wir unsere Augen schliessen, Licht offenbaren und uns durch seinen unglaublichen Magnetismus anziehen, uns in unvorstellbare Bereiche göttlichen Bewusstseins transportieren, wo wir dann die erstaunliche Einheit mit allem Existierenden erkennen.

Einheit ist also eine Tatsache, eine realisierbare Erfahrung, die jeder Mensch machen kann, wenn er es schafft, sich über das Körperbewusstsein zu erheben. Es ist nicht eine Denkweise oder eine philosophische Herangehensweise, obwohl diese zu Beginn hilfreich sind, unsere engstirnige Sicht der Dinge zu erweitern. Nur wenn wir in der Praxis unser ganzes mentales und physisches Potential auf einen Punkt konzentrieren, öffnet sich die innere Tür und es wird uns der Eintritt in die wundervolle Welt mystischer Vereinigung gestattet.

Aber ist das möglich ? So werden die meisten Leute fragen, die diese Zeilen lesen. Ist es wirklich menschlichen Wesen möglich, absolute Herrschaft über ihre Gedanken zu erlangen, um die Begrenzungen eines denkenden Gemüts zu überschreiten, um Zustände göttlichen Bewusstseins zu erfahren, in welchen das Unmögliche möglich wird? Ja, das ist es, aber in den meisten Fällen nur, wenn man das Glück hat, jemandem zu begegnen, der diese Wirklichkeit in seinem Leben schon umgesetzt hat und von oben dazu ausgewählt wurde, Menschen zum Erreichen dieses Zieles zu helfen.

Diese aussergewöhnlichen Wesen sind die grossen Menschheitslehrer, die hier sind, um ihren Mitmenschen bei ihrer Entwicklung zu helfen. Sie sind göttliche Büros oder Vertriebszentren des göttlichen Produktes, welche das Höchste Wesen auf dieser Welt eröffnet, um jedem, der es will, Seine hochwertige Handelsware zu schenken.

Mit den Worten des grossen Kirpal Singh sind diese Menschen mit göttlicher Liebe infiziert, extrem ansteckend und jeder, der ihnen nahe kommt, erkrankt selbst an dieser Krankheit. Er sagte: „Spiritualität kann man nicht lernen, aber wie eine Infektion bekommen. Wie eine infizierte Ratte eine Krankheit überallhin verbreitet, wohin sie geht, so ist es auch mit den Heiligen. Sie haben die Krankheit – die Hingabe an Göttliche Liebe - und verbreiten sie wo immer sie hinkommen und an jeden, dem sie begegnen." Nun, in meinem Leben hatte ich das grosse Glück, zwei derartigen göttlichen Wesen zu begegnen.

Der erste war Sant Kirpal Singh Ji Maharaj, den ich 1973 in Indien traf und der im August 1974 starb. Er war derjenige, der mich spirituell infiziert hatte. Sein Körper strömte Göttlichkeit aus jeder Pore aus und schon allein seinen Körper zu sehen oder Ihm nahe zu kommen, reichte aus – so war es jedenfalls bei mir – trunken von göttlicher Liebe zu werden, genug, sich davon nicht wieder zu erholen. Dieser Kontakt mit Ihm war so intensiv, dass man diese Erfahrung nie wieder vergessen konnte. Was ich in meinen zwei Begegnungen mit Ihm erlebt habe, wird einen wichtigen Platz in diesem Buch einnehmen.

Die zweite Begegnung war die mit Sant Ajaib Singh Ji Maharaj, dem spirituellen Nachfolger meines höchsten Meisters Kirpal. Über zwanzig Jahre lang, vermittelte er diesen göttlichen Reichtum, den Er von unserem Meister erhalten hatte, an jeden, der Ihn traf und Zeit bei Ihm verbrachte.

Wenn der heilige Körper Kirpal Singhs Göttlichkeit aus jeder Pore verströmte und im inneren Licht stets leuchtete, so war auch der Körper Ajaib Singhs schneeweiss, rein und makellos und voller berauschender Liebe. Jedes Seiner Worte, jeder Satz war ein fortwährender Gesang über den Ruhm und die Grösse unseres Höchsten Meisters. Ja, weil dies so ist, wird euer Meister zu eurem Gott. Für den Ergebenen, der mystische Einheit mit seinem Meister erlangt hat, wird Er sein Gott, sein Rama, sein Krishna, Brahma, Vishnu und Shiva und der Gott der Moslems, Juden oder Christen. In einem seiner Lieder an Kirpal sagt er in der Tat: „Weder Allah, noch Rama, noch Rahim erhörte meine Klagerufe; oh Kirpal, wer ist meins, wenn nicht Du?" Bei den Hindus heisst es entsprechend: „Der Guru ist Brahma, der Guru ist Vishnu, der Guru ist Mahesh." Das heisst, der Guru ist der Schöpfer, der Erhalten und der Zerstörer.

Meine Beziehung zu diesem makellosen Heiligen währte rund zwanzig Jahre. Das erste Mal traf ich Ihn im Februar 1977, und ich hielt mich viele Male mehr bei Ihm auf. Sowohl in Indien als auch auf seinen Reisen in den Westen; darunter vier Besuche in Italien. Er verliess diese Welt am 6. Juli 1997. 1977 erhielt ich von Ihm die Aufgabe, die Einweihung in Naam an alle Wahrheitssucher, die darauf vorbereitet waren, zu geben (Kontakt mit der zum Ausdruck gebrachten Gotteskraft herzustellen). 1979 schlug Er vor, dass wir ein spirituelles Zentrum (Ashram) gründen sollten, wo alle Ergebenen des Heiligen Weges sich regelmässig treffen konnten, um sich von der geschäftigen Welt zurückzuziehen, um ihre ganze Energie der Weiterentwicklung einer Verbindung mit dem Licht und dem Tonstrom in uns zu widmen. An diesem Ort fanden 1980, 1984 und 1989 drei Retreats mit dem Meister statt, welche sich als lebenswichtig und bedeutend erwiesen, die spirituellen Impulse zu verstärken, der diesen Ashram gründen liess. Es ist wirklich die Auswirkung Seiner Gnade während dieser drei Besuche, dass dieser Ort eine heilige Stätte geworden ist, an welcher jeder, der hierher kommt, eine besondere Atmosphäre und eine transformierende Energie wahrnimmt, welche der Seele Frieden schenkt. Die Retreats, die in all den Jahren hier stattfanden, die intensiven Meditationen und die grossen inneren Erfahrungen, die viele hier bekamen, sind alles Faktoren, die dazu beigetragen haben, diesen Ort zu einem Platz zu machen, um Seligkeit zu vermitteln, gegeben von der Unsichtbaren Kraft, die Ihn aussuchte, Seine Gnade und Seinen Segen auszuschenken, und dies ist auch heute noch so.

Dies sind die Themen und Geschichten als Teil dieses Buches und ich hoffe, dass es als sanfte Erinnerung für jene dienen wird, die sie aus erster Hand erfahren haben, dass sie Inspiration und Hoffnung für alle darstellen, die den Weg suchen und ihn noch nicht gefunden haben.

Ausserdem sind zwei kurze Biografien der beiden grossen Meister enthalten, die, wie das Leben aller Heiligen, ein gutes Beispiel dafür sind, wie man in der Welt leben sollte und das letzte Ziel des menschlichen Lebens erreicht, nämlich die Gottverwirklichung und ein göttlich inspiriertes Leben.

Möge dies allen menschlichen Wesen die Kraft geben, alle Grenzen zu überschreiten; sei es die des Aberglaubens, des Dogmatismus, die der Kultur, der Rasse und der Religion, und die erfrischende Verbindung mit dem Wasser des Lebens zu erlangen, welches immerzu aus der Quelle göttlicher Inspiration strömt, um jeden, der sich darauf einlässt, zu überfluten.

DER WEG ZUR ERLEUCHTUNG

KINDHEIT

Ich werde bei meiner Schilderung die weniger wichtigen Dinge weglassen zugunsten der Seite meines Erwachens und der Transformation.

Ich wurde in einem kleinen Dorf in der Provinz Lecce im fernen Süden Italiens geboren. Heute würde ich sagen, wenn es nicht das Mittelmeer gäbe, das den Süden Italiens vom mittleren Osten oder Nordafrika trennt, würden sie Nachbarstaaten sein. Und in der Tat erinnern die kulturellen und geografischen Eigenheiten Puglias und ganz besonders die der Menschen von Lecce sowie die Landschaft und Architektur stark an den mittleren Osten. Ich war nie in Israel, Libanon oder Palästina, aber ich war in der Türkei, Baghdad und im Iran; der Unterschied ist nicht gross.

In Lecce ist, wie in jenen Gebieten die Landschaft ziemlich trocken, spärlich bewachsen, nicht ganz eben, aber auch nicht bergig und es wachsen überall Palmen, Oleander und Feigenbäume, nicht zu vergessen Olivenbäume fast so gross wie eine Eiche, die 90% der Landschaft beherrschen. Die Gebäude haben so wie im mittleren Osten ein Terrassendach, ganz ohne Dachneigung. Lecce ist eine kleine Halbinsel, gesäumt von der Adria im Osten und Westen und vom Ionischen Meer im Süden; im Sommer ist es sehr heiss und nie wirklich kalt im Winter. Meine Geburtsstadt ist Borgagne, und sie ist ungefähr sieben Kilometer von der Adria entfernt. Damals gab es dort nichts Besonderes: es war nur ein Dorf von Bauern und Handwerkern. Jetzt hat der Ort etwas Bedeutung bekommen, da dort einige Veranstaltungen zu Themen der Umwelt, organischer Landwirtschaft usw. stattfinden.

Die Zukunft junger Männer bestand meist darin, den Beruf der Eltern zu übernehmen, entweder den von der Mutter oder dem des Vaters, aber die Mädchen blieben zu Hause oder gingen in die Schneiderlehre. Die Schule hörte meist nach der fünften Klasse auf, nur wenige wechselten zur Mittelschule. Eher selten geschah es, dass die Kinder reicher Eltern in eine Hochschule oder ins Gymnasium kamen und kaum jemand besuchte die Universität. Meine Eltern waren einfache Leute, ungebildet aber ehrlich und Selbständigkeit war ein Teil ihres Lebens. Sie arbeiteten hart und obwohl sie wenig besassen, machten sie das Beste aus ihren Möglichkeiten und immer gelang es ihnen, davon ihrer siebenköpfigen Familie den Lebensunterhalt zu gewährleisten. Sie hatten vier Söhne und eine Tochter, welche die Jüngste war. Alle Familien hatten damals eine mehr oder weniger grosse Kinderschar, aber im allgemeinen wollten sie alle ein Mädchen und fuhren fort Kinder zu bekommen, bis schliesslich auch ein einzelner Sohn die Welt erblickte. Falls im Fall meiner Eltern das Mädchen früher gekommen wäre, wäre ich vielleicht nicht auf dieser Welt, da ich der vierte Junge war.

Vater hiess Salvatore und meine Mutter Clelia. Mein Vater war ein ernster Mann, ein Rauhbein, aber voller Ehrlichkeit. Einer seiner Lieblingssätze war: „Es ist besser Hungers zu sterben, als etwas mit dem Gesetz, Anwälten und Gerichten zu tun zu haben." Meine Mutter, eine liebreizende kleine Frau, ging sehr in der Familie auf und war voller Liebe. Ihre ganze Energie richtete sie auf ihre fünf Kinder und ihren Ehemann. Er war praktisch ausgerichtet und sah nichts anderes als seine Landarbeit, die ihn bis aufs Essen und Schlafen fortwährend beschäftigte. Er hatte kein Interesse an kulturellen oder religiösen Dingen; bis auf die Landespolitik. Gelegentlich las er jedoch einige Novellen und von diesen hatte er all die seltsamen Namen für sein Kinder. So wurde mein ältester Bruder auf den Namen Ataccus Francis getauft und bis zum Alter von fünfzehn Jahren hiess er nur Ataccus, was ein seltsamer Namen für unsere Gegend war; ich glaube es ist griechisch. Später nannte man ihn nur noch Franco. Der zweite Sohn hiess Aurelio Fernando und auch er musste sich bis zu einem gewissen Alter mit dem Namen Aurelio zufrieden geben, welcher dann in der Jugend Fernando Platz machte. Der dritte war Virgil, bekannt aus der „Göttlichen Komödie" von Dante. Dann kam ich und wie man mir früher sagte, las er gerade eine Geschichte, deren Hauptfigur einen Sohn namens Schermerzereche hatte. Nun, ich weiss nicht, weshalb ihn dieser absurde Name so ansprechend fand, dass er ihn seinem neuen Baby geben wollte. Aber diesmal widersprach meine Mutter und sprach: „Niemals wird er diesen Namen bekommen! Wenn überhaupt, werden wir ihn Siro nennen." Sie wählte diesen Namen, indem sie auf einen Namenskalender schaute. {Anmerkung d. Übersetzers: San Siro oder Bischof Syrus von Pavia, ein katholischer Heiliger, 1.Jh.} Irgendwie konnte sie meinen Vater überzeugen, der dem Namen Siro dann zustimmte; als er jedoch zum Standesamt ging, um mich eintragen zu lassen, verschrieb sich der Beamte und brachte „Sirio" zu Papier. So brachte ich es zu diesem seltenen Namen. In der Provinz Lecce traf ich nie jemanden mit diesem Namen. In Mailand, wo ich später siebzehn Jahre meines Lebens verbrachte, fand ich nur einen, während ich hier in Maremma, wo ich seit dreissig Jahren wohne, eine ganze Reihe gefunden habe. Sirio ist hier kein ungewöhnlicher

Name. Zuletzt kam dann schliesslich ein Mädchen und sie erhielt den Namen Beatrice (ebenfalls aus der „Göttlichen Komodie").

Ich wurde im Monat der Rosen geboren, am 12.Mai 1952, einige Zeit nach dem Krieg. Meine Eltern besassen ein Stück Land und das Haus der Familie, doch mein Vater wollte woanders hin und bewarb sich für einen Bauernhof, denn die Bauernhöfe wurden damals im Zuge der Landreform jedem, der die Bedingungen erfüllte, gegeben. Ich weiss nicht, worin diese bestanden, aber mein Vater bekam eine wunderbare Farm mit 12 Hektar Ackerland und mit einem schönen, neuerrichteten Haus.

Ich erinnere mich nicht mehr an viele Ereignisse aus meinem Leben, bevor wir dort einzogen, aber ich denke noch an den Tag, als wir ankamen. Es war spät am Nachmittag, wir fuhren in einem Wagen, der von Stella, der schönen grauen Stute meines Vaters gezogen wurde und erreichten so diese nette Farm in der Gegend von Salento, welche nur drei Kilometer vom Meer entfernt lag. Ich erinnere mich an meine Mutter mit der wenige Monate alten Beatrice in ihren Armen und mich an der Hand haltend, wie wir am Eingang warteten, damit mein Vater die Tür für uns öffnete. Ich verbrachte dort die nächsten sieben Jahre meines Lebens; damals war ich fast drei Jahre alt und als die ganze Familie beschloss, ins stark industrialisierte Mailand zu ziehen, war ich zehn.

Der Ort, in welchen wir nun kamen war ein Gebiet mit einer Menge dicht an dicht liegender kleiner Farmen. Bis zum Zentralgebäude der Gemeinde (die sogenannte Masseria) war es ein Kilometer. Hier war auch die Grundschule, der Laden mit Kommissionsware und eine Kneipe, in welcher sich Jung und Alt samstags und sonntags zum Fernsehen traf (damals hat niemand einen Fernseher zu Hause).

Ich besuchte also dort die Grundschule, die einen Kilometer von unserem Haus entfernt war, zusammen mit einer Kinderschar, die jedentag hin und zurück lief. Es war ein friedliches Leben ohne grössere Ereignisse, bestimmt durch die Jahreszeiten und Arbeit in den Feldern, wobei wir Kinder meistens mit einer Sichel Gras für die Kühe schnitten und den Stall ausmisteten.

Wie bereits erwähnt, hatte mein Vater keine religiöse Neigungen und ich erinnere mich nicht, dass er jemals in die Sonntagsmesse in der zentralen „Masseria" gegangen wäre, welche Frassanito genannt wurde, weil dort die Kirche war. Meine Mutter hatte einen angeborene religiöse Begeisterung und ging immer wenn sie konnte in die Kirche, wo sie ihre schöne Stimme mit dem

Singen von Psalmen zur Geltung bringen konnte. Abends sassen wir mit meiner Mutter um den Kamin zusammen, welche immer bereit war, neue Geschichten zu erzählen, einige davon irgendwo gehört, andere so aus der Hand geschüttelt. Sie liebte all ihre Kinder, aber für meine Schwester und mich empfand sie besondere Zuneigung. Diese besondere Liebe dauerte ihr ganzes Leben lang an und äusserte sich darin, dass sie, als ich schliesslich meinen geliebten Meister traf, sofort davon uberzeugt war, dass er ein grosser Heiliger war und ich von ihm eingeweiht werden wollte. Sie hatte ihr ganzes Leben bis dahin und voller Inbrunst darum gebeten, dass ihre Kinder Gott lieben und seinen Geboten folgen mögen, dass sie mich bei meiner Ruckkehr aus Indien so umgewandelt sah, und so brauchte sie nicht lange, um zu verstehen, dass das, was mir passiert war, etwas unglaublich Einzigartiges war. Sie verstand ganz ohne jeden Zweifel, dass der Meister ein aussergewöhnlicher Mensch sein musste, wenn er mich so sehr hat verändern können.

Von meinen Geschwistern hatte ich eine engere Beziehung zu Virgil, welcher vier Jahre älter ist als ich. Beatrice ist zweieinhalb Jahre jünger. Eine Zeitlang gingen wir zusammen zur Schule und wenn zu Hause etwas zu tun war, machten wir es gemeinsam, sei es zu spielen oder Pflichten auszuführen, die uns der Vater aufgetragen hatte.

Virgil und ich und eine Gruppe anderer Kinder unseren Alters fuhren oft alle mit dem Fahrrad ans Meer. Manchmal sonntags fuhr die ganze Familie im von Stella gezogenen Wagen an die See und das war etwas ganz Besonderes. Wir galoppierten mit dem Pferd am Strand entlang, der damals noch einsam und verlassen war und ritten ins Meer, da die Stute gut schwimmen konnte und wir hatten viel Spass.

Als Kind und Teenager fand ich religiöses Leben nicht besonders spannend, ich erlebte die religiöse Seite als nebensächlich, so wie man andere Pflichten ausführt

Aber ich denke noch daran, wie mit mir einmal, als ich mich nachts zur Ruhe legte, etwas Besonderes vorging, an das ich mich tags darauf lange Zeit überhaupt nicht mehr erinnern konnte.

Es geschah und ich erfuhr es, als ich meine Augen schloss. Es war, als ob sich der Raum um mich herum zu drehen begann. Ich empfand mein Inneres als schrecklich gross, kosmisch und ich nahm mich selbst als etwas unglaublich Kleines, ein Atom in dieser grossen Weite, dann schlief ich ein und alles hörte

wieder auf. Ich hatte nie gedacht, dass es sich um eine spirituelle Erfahrung handeln kőnnte, bis ich nach der Begegnung mit meinem Meister und nach meiner Initiation die gleiche Erfahrung mehrere Male in der Meditation wiedererlebte. Als Jugendlicher jedoch hatte ich alles davon vergessen.

So verbrachte ich die ersten zehn Jahre meines Lebens in einer Umgebung, die sich sehr von den modernen Zeiten unterschied und in einem vergangenen Jahrhundert hätten stattfinden kőnnen (obwohl seitdem nur vierzig Jahre verstrichen sind). Zehn Jahre lang sahen wir kaum ein Auto, und wenn es einmal passierte, war es fűr uns Kinder so, als ob man heute ein Raumschiff sieht. Die Einheimischen fuhren meist in einem Pferdekarren; Fahrräder und Motorroller waren etwas fűr die Wohlhabenderen unter ihnen. Dieser Lebensstil hat mir innere Stabilität und Stärke gegeben, der mir mein ganzes Leben lang erhalten blieb. Wären diese frűhen Jahre nicht gewesen, diese besondere Lebensweise in einer unwirtlichen Umgebung, in welcher es an der Tagesordnung war, auf grosse Schlangen und Vipern zu treffen, so hätte ich das letzte Drittel meines Lebens an diesem Ort in Maremma leben kőnnen, wo es mindestens ebenso schwer ist, wenn nicht sogar mehr. Aber ich komme darauf in einem späteren Kapitel noch ausfűhrlicher zu sprechen.

Es war eine Zeit, zu welcher das Pflügen des Feldes mit Pferd und Pflug geschah, und der Transport der Getreide erfolgte in einem grossen ebenfalls pferdegezogenen Wagen. Das Dreschen des Getreides fand statt indem man es auf dem Dreschplatz auslegte und das Pferd herumlaufen liess, bis z.B. die Bohnen von ihrer Hülle und den Pflanzenresten getrennt waren. Das Getreide wurde mit guten Sensen geerntet.

Mein Vater, als guter Arbeiter, stand früh zum Pflügen auf und beschickte mit der guten Stella unsere Felder. Als es dann sieben oder acht Uhr schlug, luden wir Pflug und Egge auf den Wagen auf, um die Felder anderer Leute zu beackern. Meine Mutter kűmmerte sich um ihre Kinder und strengte sich immens an, diese grosse Familie so wűrdig wie möglich über die Runden zu bringen.

JUGEND

In Lecce besuchten wir ab und an eine Tante, die Schwester meiner Mutter, und einen Cousin und eine Cousine, oder diese kamen zeitweise zu uns. Wir beneideten diesen Cousin und die Cousine,weil wir dachten, sie hätten grosses Glück in der Stadt zu leben und die weite grosse Welt zu sehen. Klar, sie kannten das Leben und sie genossen es, aber wir in der Einöde (so dachten wir) wussten nichts über das wirkliche Leben und die korrekten Umgangsformen. Es ist aber so: Wenn man etwas möchte, muss man es ausleben, mit all seinen Aspekten erfahren und nur wenn man erkennt, dass dies einen bitteren Geschmack im Mund hinterlässt, welcher unangenehm ist und die Seele vergiftet, wird man davon überzeugt, dass es nichts Materielles gibt, was einen glücklich macht. Glück entsteht nur durch das Bewusstsein und das Wissen, wie man in jeder gegebenen Situation zurecht kommen kann.

Ich will nicht bestreiten, dass man glücklich sein kann, wenn man auf dem Land lebt und kaum etwas vom Stadtleben mitbekommt. Wenn man nach einer Entwicklung für die Seele sucht, wenn man Kontakt mit der Natur liebt, wenn man weiss, wie man die Veränderungen und Aspekte der sich immer abwechselnden Tage und Jahreszeiten in sein Leben intregriert und sich des immensen natürlichen Reichtums bewusst ist, welcher uns in Form von Kräutern und Arzneipflanzen umgibt, um alle oder die meisten ihrer Eigenschaften und Anwendungen zu kennen, dann lebt man auf dem Land wie in einem Paradies. Im Leben in der Natur kann grosse Fülle des Bewusstseins dessen entstehen, was uns umgibt und wie man all die Abläufe, und die Macht der Naturphänome beachtet und nutzt.

Es ist jedoch eine Tatsache, dass die meisten Menschen, die auf dem Land geboren wurden und dort immer lebten, keinerlei derartiges Bewusstsein erlangt haben und dass sie die Natur nicht beachten: Den Himmel, die Mondzyklen, oder die Vögel, welche sich mit dem Wechsel der Jahreszeiten verändern. Diese Menschen wissen nicht, wie man dem Gesang einer Nachtigal oder eines Kuckucks lauscht (sie nehmen das nicht einmal wahr), noch beachten sie die wundervollen Mairosen, deren Schönheit das Gemüt verzaubert und deren Duft das Herz trunken macht; sie können die Rotkehlchen und Grasmücken im Winter nicht wertschätzen. Sie sind unfähig, die kraftvolle Energie zu empfinden, die den Frühling durchdringt wenn die Natur in neue wundervolle Kleider gehüllt ist und tausend Blumen in Feld und Wald erblühen. Sie empfinden nicht den Frieden des schönen Sommermorgens, in welchem die Luft so voller Kraft steckt und so ein exstatisches Wohlgefühl vermittelt. Auch spüren sie auch nicht die sich zurückziehende Energie des Herbstes, wenn die Blätter fallen und mit allem im Frühling geschaffenen Leben sterben. Sie nehmen nicht den Aufruf wahr, sich nach Innen zu wenden, ruhig zu werden, und unsere Aufmerksamkeit den tiefsten Tiefen unserer Seele zuzuwenden, wodurch beim Rückzug aus der Welt und der Umgebung eine grenzenlose, unerforschte Weite in den intimsten unserer Gefühle offenbar wird.

Dann gehen wir weiter und kommen in den Winter mit seiner Eiseskälte, mit seinem Regen oder Schnee, je nach dem wo man wohnt. Alles was bisher dem ersten Schlag des Herbstes hat widerstehen können, gibt nun die Hoffnung auf ein Überleben auf und akzeptiert die herbeigezwungene Veränderung durch den Tod. Insekten, Gräser, Blätter, alles gibt sein Leben, um in etwas Anderes umgewandelt zu werden. Nichts stirbt; alles verändert sich.

Nun, von all dem und noch viel mehr wissen die Bauern nichts und sie leben heutzutage in einem Stresszustand, der sich nicht viel von dem der Städter unterscheidet. Auch wir waren uns dessen nicht bewusst und so entstand irgendwann unser krampfhafter Wunsch, auch in der Stadt leben zu wollen. Als unsere Tante und die Cousins nach Mailand zogen, schien es uns als hätten sie das höchste Lebensziel erreicht. Wir erlebten, wie sie nach ein paar Jahren mit dem Auto und in modischer Kleidung auf Urlaub kamen und zu wissen, dass sie so viel Geld verdienen konnten, machte uns so neidisch, dass wir nicht länger Frieden finden konnten, bis wir nach Mailand umgesiedelt waren.

Die ersten, die umzogen, waren meine älteren Brüder Franco und Fernando. Nach einer Weile folgte Virgil und schliesslich kam ich mit meiner Schwester und meiner Mutter nach. Mein Vater war der einzige, der seinen Geburtsort nicht verlassen wollte: seine Landschaft, das Pferd, das er mehr als seine Frau liebte, seine Freunde und sein gewohntes Leben. Natürlich musste er nach ein paar Jahren auch nach Mailand kommen, aber dort war er nie glücklich und wollte immer nach Lecce zurück. 1972 holte ihn der Tod ein, als es schon beschlossene Sache war, dass er und meine Mutter dorthin zurückkehren wollten. Uns Kinder, die wir nun selbständig waren, liess er in Mailand zurück.

In Mailand änderte sich mein Leben gewaltig. Zu Beginn lebten wir ausserhalb der Stadt, in einem Dorf mit ungefähr zwanzig Familien. Viele davon waren gleichaltrig, so dass ich gleich Freundschaft mit ihnen schloss und jeden Nachmittag eifrig mit ihnen nach Schulschluss und in den Ferien spielte. Ja, in Salento wohnten in einiger Entfernung auch ein paar Kinder, mit denen ich gut befreundet war, aber wir verbrachten nicht so viel Zeit miteinander. In Mailand lebten jedoch alle dicht bei dicht und das gestattete mir, unter Leute zu kommen und endlos zu spielen.

Als ich in Mailand ankam, oder genauer in Cernusco S/N, war ich zehn Jahre alt, und ich begann mit der fünften Klasse der örtlichen Grundschule (wir erreichten Mailand im November). Da der Lehrplan umfangreicher als in Lecce war, und die Lehrmethoden der Lehrer sich unterschieden, empfand ich mich total fehl am Platz und fühlte mich nicht wohl. Ich war nicht fähig, dem Unterrichtsstoff zu folgen. Bald erkannte ich, dass ich das Jahr nicht durchstehen würde und so lernte ich noch weniger und gab mich immer mehr dem Spieltrieb hin. Meine Mutter konnte mich weder im Zaum halten, noch gestattete ich ihr das; meinen Brüdern gelang es nicht mich einschneidend zu beeinflussen und so tat ich das, was mir gefiel.

Ich musste das Schuljahr wiederholen, doch war dies gut so, denn von da an war ich immerfort ein guter Schüler. Ich war nie ein grosser Gelehrter, noch liebte ich das Lernen, aber ich hatte ein gutes Gedächtnis und folgte den Erklärungen der Lehrer immer ganz genau. Zu Haus lernte ich nicht viel, aber was ich in der Schule aufnahm reichte gut aus, um in die nächste Klasse versetzt zu werden. Die Lernerei hielt mich nicht sehr gefangen, die Themen, die mich am meisten interessierten, waren Geschichte, Erdkunde, Kunst und Werken. Mathematik mochte ich überhaupt nicht und so hatte ich grosse Schwierigkeiten damit. Aber irgendwie gelang es mir auch dort ausreichend abzuschneiden. Ich besuchte die Mittelschule und als ich damit fertig war, beschloss ich, nicht weiter zu lernen und mir eine Arbeit zu suchen. Ich wollte unbedingt selbständig werden, um mein Leben nach meinen Wünschen und Neigungen auszurichten, und wenn ich weiter studieren würde, wäre das wegen der Abhängigkeit von meinen Eltern nicht möglich gewesen. Ausserdem blieb keiner meiner Freunde auf der Schule und alle machten die eine oder andere Lehre.

Im Alter von fünfzehn bis zwanzig hatte ich diverse Jobs: Als Maschinist, dann als Schriftsetzer und schliesslich erlernte ich den Beruf meiner grossen Brüder, Virgil und Franco und half ihnen. Sie hatten eine kleine Werkstatt, in der sie Metalle reinigten und mit welcher sie gut verdienten und so arbeitete ich dort drei Jahre lang. Da ich selbständig arbeitete, konnte ich meine Zeit ziemlich frei einteilen und im Alter von achtzehn begann ich Europa zu bereisen, da ich gut verdiente und viel freie Zeit hatte.

In diesen Jahren machte ich verschiedene Experimente, indem ich rasch von einer Phase zur nächsten wechselte. Es waren die Jahre der Beatles und Rolling

Stones und wir alle besuchten samstags und sonntags die Discos des Ortes. Im Alter von fünfzehn bis achtzehn war ich ziemlich eitel, gab viel Geld aus, um mich gut und modisch zu kleiden. Ich liebte es, hervorzustechen und von meinen Freunden bewundert zu werden: Jungen und Mädchen.

Ja, ich war oberflächlich und ichbezogen, aber von Zeit zu Zeit überkam mich eine bestimmte Nostalgie, und ich pflegte zusammen mit Freunden, die gleich empfanden tiefgründiger und bedeutsamer über die Dinge zu diskutieren. Zu viel oberflächlicher Unsinn bewirkte oft Langeweile und bald begann ich zu erkennen, dass ich die Lebensmechanismen begreifen musste.

Unter meinen Freunden, mit denen ich oft meine Zeit verbrachte, war Virgil, mein älterer Bruder. Wir unternahmen viel miteinander, obwohl wir nicht immer beisammen waren, denn ich verbrachte auch viel Zeit mit meinen Klassenkameraden. Im Sommer 1970 organisierte Marco Pannella eine Friedensmarsch, an dem auch Virgil teilnahm und ich schloss mich sofort an. Dabei kamen wir mit den Studentenprotesten in Verbindung, welche damals viele Jugendliche in Mailand anzogen und damit sympathisierten. Auch uns erging es so. Virgil fühlte sich in der anarchistischen Bewegung wohl, die die rebellischste und radikalste der ganzen ausserparlamentarischen Opposition war und von da an besuchte er oft deren Treffen und Veranstaltungen. Zuerst folgte ich ihm dorthin wohin er ging und tat auch mehr oder weniger das Gleiche. Kurz nach dem Massaker an der Piazza Fontana, der Ermordung Pinellis und der Verurteilung Valpredas (wichtige Persönlichkeiten der Bewegung) kam es zu einem grossen Aufruhr. Nach ein paar Monaten begann ich die anarchistische Bewegung für zu schlecht organisiert und schlecht strukturiert zu erkennen, unfähig wirkliche Ziele zu erreichen. Allmählich wechselte ich zu einer anderen ausserparlamentarischen Gruppierung von Marxisten-Leninisten, in welcher auch einige meiner Freunde waren. Sie hiess „Avanguardia Operaia" und ich hielt sie für die rationalste, praktischste, bestorganisierte und ernsthafteste unter den verschiedenen Gruppierungen der Studentenbewegung. Auch meinte ich, dass sie erreichbare Ziele hatte. Andere Gruppen waren viel extremer und brutaler, so ähnlich wie heutzutage die Jugendbanden, die sich als gewalttätige Fanatiker mit einer Fussballmannschaft identifizieren und Gewalttaten and Vandalismus begehen, nur aus dem Drang heraus, ihrem Ärger und ihrer Ignoranz aus welchem Grund auch immer Luft zu machen.

Jedoch gab es einen wichtigen Unterschied zwischen der Gewalt jener Tage und der der heutigen Jugendlichen. Ja, es ist wahr, damals wie heute und ich glaube, es wird immer so sein, mussten die jungen Menschen ein zuviel an Energie und

Frustration loswerden. Sie halten ihre Eltern und die ältere Generation jeder sinnvollen Sache für unfähig und bilden sich ein, viel mehr als sie und das besser zu bewerkstelligen. Dies ist eine grosse Täuschung, die alle jungen Generationen befällt: Zu glauben, dass sie klarstellen kőnnen, wie sich die Dinge in der Welt verhalten und dass sie sie wirklich verändern kőnnen. In Wirklichkeit ist das nur ein Vorwand, ihrer Gewalttätigkeit und übermässigen Rastlosigkeit freien Lauf zu lassen. Bald werden sie erkennen, dass sie alle nichts als Seifenblasen sind und dass sich die Welt nicht durch das Rufen von Slogans und witzigen Parolen auf Strassen und Plätzen verändern lässt. Nur wenn wir uns selbst ändern und uns der zahllossen Begrenzungen und Fehler, denen wir alle unterliegen, bewusst werden, und indem wir ernsthaft und ehrlich danach streben, uns selbst zu verbessern, ist es möglich eine gute Auswirkung auf die Welt zu haben. „Ein kleiner Schritt in dieser Richtung gibt uns den grőssten Fortschritt zum Lebensziel, das, wie jemand sagt, darin besteht, „vollkommen wie unser Vater im Himmel zu werden."" Oder in anderen Worten: Herr unseres eigenen Hauses zu werden (über Geműt und Kőrper) und die richtige Ordnung der Dinge wiederherzustellen. Kőrper und Geműt wurden der Seele als Werkzeuge gegeben, um in der physischen, emotionalen und mentalen Welt zu agieren. Sie müssen zu Dienern der Seele werden und dabei helfen, unsere Wahrnehmung und unser Bewusstsein auszudehnen. Das Geműt wird von den Sinnesfreuden auf barbarische Art und Weise angezogen, so dass der unentschlossene und arme Kőrper sich wie ein Roboter bewegt und blind alle Taten ausfűhrt. Er ist durch die auf ihn einstrőmenden Sinnesreize so sehr eingeengt.

Aber um auf die Unterschiede zwischen den Motiven meiner Generation und der heutigen zurűckzukommen, műssen wir anerkennen, dass die Menschen damals ernsthaftere Ziele hatten und nicht eine konsumorientierte Ideologie. Sie hatten Träume zu verwirklichen und dafür unternahmen sie vieles. Zweifellos wurde die sogenannte 68-er Generation, zu welcher auch ich gehöre, von hohen Idealen getrieben und sicher verfolgten viele von ihnen den weg der Wahrheit und Transformation, indem sie sich bis zum Äussersten und allem was damit verbunden war, auslieferten.

Es gab solche, die davon überzeugt waren, dass Wandel durch organisierte Gewalt herbeigefűhrt werden kőnne, indem man die herrschende Macht durch eine Revolution stűrzen kőnnte. Diese Gruppen wurden als Rote Brigaden oder Schwarze Brigaden bekannt (Kommunisten bzw. Faschisten), aber in Wahrheit gab es zwischen ihren Standpunkten kaum einen Unterschied, so war das nun einmal! Sie begannen echte terroristische Anschläge zu begehen und wer die Vorfälle jener Jahre verfolgt hat, ist sich dessen bewusst. Ich muss sagen, ich schrammte nur knapp daran vorbei: mir wurde vorgeschlagen, an einem Anschlag teilzunehmen, und ich dachte ernsthaft daran, aber damit war es dann auch irgendwie getan.

Andere dachten, dass sie die Welt durch den Genuss von Drogen wie Marihuana, Haschisch und LSD verändern könnten. In diesem Rahmen entstand eine Bewegung namens „Underground", die in Amerika aufkam und dann – wie immer- auch gut und lebendig in Europa ankam. Es gab bekannte Leute Kunst und Musik, die diesem Trend folgten, darunter Bob Dylan, Johan Baez, John Lennon und andere Mitglieder der Beatles, um nur die namhaftesten zu nennen; aber es gab eine Menge anderer weniger bekannter. Sogar hier in Italien gab es Prominente, die einen bemerkenswerten Einfluss auf die Jugend hatten wie z.b. Andrew Valcarenghi, in dessen Zeitschrift „Re Nudo" viele Mitglieder der protestierenden Studentenbewegung zu Wort kamen. Danach war es Claudio Rocchi, der recht hübsche und eingehende Musik komponierte und dann auch Franco Battiato. Er ist der Einzige, dem es gelang eine allmähliche Transformation zu durchlaufen, hat heute nun seine damalige erste Stufe überwunden, und wird weiter von einer grossen Anhängerschaft geliebt und verehrt. Jetzt kann er Songs komponieren wie „Schatten des Lichts" und „Ein Ozean der Stille" mit einer inhärenten philosophischen und spirituellen Bedeutung, und seine Konzerte werden voller Inbrunst besucht. Es gibt auch Künstler wie Dario For und Franca Rame, wichtige Vertreter jener Zeit.

Sie alle, oder viele von ihnen erkannten bald, dass das Ziel nicht in einer Sozialreform bestand, sondern darin, sich selbst zu verändern. Daher liessen die ernsthafteren von ihnen schnell von den ersten Experimenten mit solchen Drogen ab und traten in realistischere und produktivere Experimente mit Yoga, Meditation und allgemein gesagt, mit dem Frieden in die tiefe Stille des Gemüts ein. Bald wurde es ihnen klar, dass alles mit Gedanken anfängt: Frieden und Gewalt, Erregung und Stille, sowohl das Schädliche als auch das Wohlergehen usw. Wenn wir lernen, das Gemüt zu kontrollieren und das Gemüt zu beruhigen, die Aufmerksamkeit am Sitz der Seele im Körper zu sammeln, können wir die transzendenten Zustände des Bewusstseins erfahren und die Visionen unaussprechlichen göttlichen Glanzes, welche uns nach und nach von brutalen menschlichen Wesen in feinere verwandeln. Indem wir mit den göttlichen Prinzipien in uns in Verbindung kommen, verändert sich unser ganzes Wesen und von Sklaven der Lust, Ärger, Gier, Verhaftetsein und Egosucht, werden wir zu göttlichen Wesen, göttlich inspiriert und transformiert.

Viele dieser Leute begannen frühen Gurus und Lehrern zu folgen, die damals in grosser Zahl aus Indien herüberkamen, um Anhänger im Westen zu finden, indem sie eine Form des Yoga oder eine indische Philosophie lehrten. Andere folgten prochristlichen Strömungen, eine Menge fühlte sich zur Philosophie und der Religion des Buddhismus hingezogen und es gab auch solche, die vom Islam und da besonders vom Sufitum fasziniert waren.

Ein anderer Weg ist immer unpopulärer gewesen, denn er hat nie übermässige Reklame gemacht, um Anhänger um sich zu sammeln. Dies ist Sant Mat oder der Weg der Heiligen. Dieser Pfad ist an die Philosophie von grossen Meistern wie Guru Nanak und Kabir angelehnt, welche im 15. Jahrhundert eine bemerkenswerte Revolution in Bezug auf die spirituelle Lebensweise und die Religion der Inder bewirkten. Die Lehre, die ich von meinem ersten Meister, dem ich begegnete, übermittelt bekam, ist eben dieser Sant Mat. Sant Kirpal war ein direkter Nachkomme dieser Meister, Guru Nanak und Kabir. Aber wir werden darauf zurückkommen und später in diesem Buch darüber sprechen.

1968 wurden die Beatles Anhänger von Maharishi Mahesh Yogi und sie alle reisten zu ihm nach Indien, um an einem Meditations-Retreat teilzunehmen. Dies bewirkte etwas in ihren Fans überall auf der Welt und viele versuchten, es ihnen gleichzumachen. Bald ergoss sich eine Menschenflut aus ganz Europa, Amerika und der übrigen Welt nach Indien auf der Suche nach Frieden oder um eine ungewöhnlich und extravagante Erfahrung zu machen.

Natürlich waren die Beatles nicht die ersten, die auf der Suche nach dem Mysteriösen, Transzendentalen, dem Magischen und Erstaunlichen, was dieses Land zu bieten hat, nach Indien reisten. In der Vergangenheit haben viele grossen Denker und Forscher sich bereits auf diesen Weg begeben. Unter ihnen waren H.P.Blavatsky, die Gründerin der Theosophischen Gesellschaft aus dem letzten Jahrhundert, Allan Watts, Humphrey, Paul Brunton, Arthur Osborne, Julian Johnson, G.I. Gurdjieff und so fort.

Viele grossen Meister waren bereits in den Westen bekommen, um die spirituelle Botschaft des alten Indiens zu bringen und sie gründeten in Amerika und Europa an diversen Orten Einrichtungen für ihre Mission. Davon ist Swami Vivekananda erwähnenswert, der am Ende des 19. Jahrhunderts eine aussergewöhnliche Faszination auf viele Menschen ausübte. Er machte auf der ganzen Welt seinen grossen Meister Ramakrishna bekannt. Ram Thirat trug zu Anfang des 20. Jahrhunderts den Spitznamen „lebender Christus", da seine Reden voller Klarheit und Kraft waren. Dann kam 1920 Swami Yogananda nach Amerika, wo er bis 1952 lebte. Fasziniert und bezaubert von seinen erleuchtenden und lebendigen Konferenzen scharten sich überall grosse Menschenmengen um ihn. Sein Buch „Autobiografie eines Yogi" war viel gelesen und und machte ihn überall berühmt. (Dies ist eine weitere Biografie, die mich sehr inspirierte und während all der Jahre habe ich es oft gelesen.) Der grosse Meister Kirpal Singh besuchte den Westen zuerst 1955 und er brachte die ewige Botschaft der Heiligen des Sant Mat mit. Er war für viele Menschen, die ihm begegneten dafür bekannt, wie er die spirituellen Lehren darlegen konnte und für seine erleuchtenden Ausführungen zu beiden Aspekten der Religion, der exoterischen (soziale Erscheinungen, die sich mit der Kultur und den Gebräuchen ändern) und der esoterischen (die innere, welche mehr oder weniger unverändert bleibt und dazu da ist, die individuelle Seele mit der universellen Seele zu verbinden).

Diese Fakten kannten meist nur die Anhänger dieser Meister und sie waren kein Massenphänomen. Aber zu jener Zeit gab es solch eine Massenbewegung und viele junge Leute beschritten die Strasse von West nach Ost, auch wenn es nur eine Modeerscheinung war und sie andere nachahmten. Auf der Strasse von Istanbul nach Teheran und dann von Teheran nach Kabul, Herat und Kandar an sich vorbei lassend und dann von Kabul durch den Kaiberpass Peshawar und Lahore erreichend, um schliesslich im heutigen Indien anzukommen, konnte man Hunderten junger Westler aller Nationalitäten begegnen.

ERWACHEN DES BEWUSSTSEINS

Um noch einmal auf meine Erfahrung in jenen Jahren zurückzukommen: einige Zeitlang identifizierte ich mich mit der „Avanguardia Operaia" und der Studentenbewegung im allgemeinen. Ich besuchte Treffen und Studiengruppen über die marxistisch-leninistische Philosophie. Demonstrationen waren damals an der Tagesordnung und endeten eher oft als selten in Gewalt, indem entweder die Polizei Protestler angriff und dann die Protestierenden panisch davonrannten oder indem sie sich mit Steinen, Eisenstangen und Molotovcocktails zur Wehr setzten. Ich konnte nie aggressiv oder gewalttätig sein, vielleicht mangelte es mir an Mut oder vielleicht war ich nicht ganz überzeugt davon, dass dies der richtige Weg war. Jedoch vermied ich es, in Schwierigkeiten zu kommen, und wenn sich die Lage zum Schlechten änderte, verliess ich die Demonstration.

Ich versuchte, die Lehren von Marx zu studieren, aber diese waren für mich wie ein schwieriges Puzzle, so wie die Mathematik. Ich las seine Bücher und auch die Lenins, wurde ein standhafter Atheist, indem ich die Autorität und ihr Konzept Gottes kategorisch ablehnte, - die Idee eines beliebigen Gottes, der von seinem Thron herabsteigt, um die Lebendigen und die Toten nach ihren Taten zu beurteilen, begangen immer wegen ungünstiger Umstände, unter denen man geboren wird – war für mich abscheulich und ich lehnte sie total ab. Ein unerreichbarer Gott, der sich nur seinen heiligen Auserwählten in der Vergangenheit offenbarte und heute den meisten Menschen nicht erscheint, war für mich ein ungerechter und parteiischer Gott, nicht viel besser als wir, seine Geschöpfe. Daher lehnte ich dieses Konzept ab und zog es vor, meine eigenen Erfahrungen durch Inspiration und nach der Notwendigkeit des Augenblicks zu machen, frei von der Angst vor einem Gericht und einem Urteil. Ganz offensichtlich war es dies, was ich von meiner religiösen Erziehung bis dahin mitgenommen hatte und ich konnte nicht sehen, wie sich die erhabene Botschaft Christi von der Interpretation der meisten christlichen Sekten unterschied, insbesondere die des Katholizismus, denn das war die einzige Richtung, die ich damals kannte. Seit ich nach Mailand gekommen war, hatte ich die religiöse Gemeinschaft immer weniger gepflegt und dann löste ich mich von ihr vollkommen.

Ich wurde nie zu einem guten Kommunisten, da die Doktrin und Dialektik mir immer etwas unzugänglich, ja ausweichend erschien. Aber ich liebte das Ambiente und die Atmosphäre dieser Versammlungen und ja, ich identifizierte mich mit ihnen. Ich besuchte in diesen Jahren einige Pop-Konzerte, denn solche Konzerte und Studentendemonstrationen gehörten zusammen und sogar dort versuchte man zu protestieren, indem man hoffte, ohne Eintritt davonzukommen. Auch dort kam wurde dann oft die Polizei hinzugezogen und es kam zu Tumulten.

Unter den jungen Leuten mit denen ich dorthin ging, gab es einige mit mystischen Neigungen, die sich mit bestimmten Personen der Musikwelt identifizierten und sie nachahmen wollten. Einer davon war Antonio, der sich als weiser und grosser Mensch gab. Er hatte sich immenses intellektuelles Wissen über Marx und Lenin und andere, vor allem philosophische und mystische Richtungen angeeignet. Auch war er ein begabter Maler und sein Verständnis und die Art seiner Rede faszinierten mich ausserordentlich. Irgendwann war er so davon überzeugt, dass er eine Art erleuchtete Seele sei und in gewissem Ausmass „das Licht Christi oder Buddha" sei. Natürlich war ich von seinen Äusserungen und Behauptungen leicht schockiert. Von da an wahrte ich von ihm zunehmend Abstand und befreite mich von seinem Einfluss, aber einige seiner Ideen und Worte setzten in mir einen Mechanismus innerer Suche in Gang und liessen mich erkennen, das in jedem von uns etwas Göttliches oder Transzendentales existieren muss.

Dann gab es noch einen anderen Freund namens Graziano, der sehr liebenswert und ursprünglich in seiner Art und Weise war. Eines Tages traf ich ihn an einem Ort im Lotussitz an (so wie Buddha meist abgebildet wird). Ich war von diesem Anblick so fasziniert, dass ich wissen wollte, wo und wie er das gelernt hatte. Es schien als würden dadurch Erinnerungen der Vergangenheit wieder zum Leben erweckt, etwas; das ich sehr gut kannte aber vergessen hatte. Er sagte dies sei der sogenannte Lotussitz und dass er eine der bedeutsamsten, wenn nicht gar die wichtigste Haltung (Asana) im Hatha Yoga sei. „Hata Yoga"?, fragte ich. „Was ist das?" „Oh, das ist eine Richtung indischen Ursprungs, welche denen, die sie ausüben eine bemerkenswerte körperliche Gesundheit verschafft, eine grössere Beweglichkeit und Elastizität in Gliedern und Gelenken."

Heutzutage weiss jeder was Hatha-Yoga ist und in jeder Stadt gibt es mindestens einen oder mehrere Übungsleiter. Es ist fast eine Modeerscheinung und nahezu zu einer normalen Gymnastik verkommen. Damals aber wusste kaum jemand etwas davon und gar keiner kannte die fortgeschritteneren Formen des Yoga oder der Meditation.

Dieser für sich betrachtet fast unbedeutsame Vorfall entfachte in mir einen aussergewöhnlichen Wissensdurst. Ich fühlte, dass mich die Suche der Seele, sich in der Welt zu etwas Göttlichem zu entwickeln, unwiderstehlich anzog und ich beschloss, dem eine Chance zu geben. Als ich in einer alternativen Zeitschrift Artikel über Yoga oder über Indien mit seinen Gurus und Ashrams (spirituelle Zentren) las und die Möglichkeit, sein Bewusstsein zu erweitern und Zustände der Exstase oder des Samadhi zu erreichen, empfand ich eine grosse Wehmut und eine grosse Sehnsucht danach, das auch zu erreichen.

Zu dieser Zeit gab es eine Stadt in Europa, die auf die jungen Leute eine grosse Faszination ausübte, denn sie hatte den Ruf einer Stadt voller Freiheit, Extravaganz, in der alles möglich war. Dort konnte man Leuten begegnen, die die Welt, den Osten und sogar Indien bereist hatten! Viele Jugendliche reisten dorthin. Im Sommer 1971 fuhr auch ich mit einigen Freunden per Anhalter von Mailand aus in diese Stadt (damals reisten junge Leute, hunderte auf allen Strassen und Autobahnen sehr oft auf diese Weise). Es war ein wunderbares Abenteuer und ich muss zugeben, dass wir grosses Glück hatten, denn in wenigen Tagen kamen wir in Amsterdam an. Ich blieb dort zwei Wochen und kehrte dann nach Italien auf die gleiche Art zurück. Ich erinnere mich nicht mehr an alles von diesem ersten Besuch, aber ich weiss, dass die Stadt mich stark anzog und ich gab mir das Versprechen, wiederzukommen.

In Cernusco SN, dem Vorort, in dem ich lebte, hatte ich viele Freunde – Männer und Frauen, die mehr oder weniger das Selbe suchten wie ich und so begannen wir alle nach den transzendentalen Dingen zu trachten. Wir sprachen daher viel über indische Philosophie, Yoga und vegetarische Lebensweise und es erschien uns, dass jene, die sich damit nicht beschäftigten oder an solchen Dingen nicht interessiert waren, rückschrittliche Menschen waren, die überhaupt nichts verstanden hatten und die man deshalb links liegen lassen konnte.

Als nächsten praktischen Schritt wurde ich Vegetarier. Einer meiner Freunde, Osvaldo, lebte schon halb vegetarisch, sogar der berühmte Antonio, den ich oben erwähnt habe, war teilweise Vegetarier und sie berichteten mir auf faszinierende Art und Weise von der vegetarischen Ernährung, dass sie eine Würdigung aller Lebensformen darstelle und wie gemein es sei, das Fleisch von Lebewesen zu essen, indem man sie ihnen ihr Recht auf Leben raubt.

Diese Ideen und Erklärungen begannen mich zu überzeugen, aber das in die Tat umzusetzen stellte eine grosse Herausforderung dar –nämlich es meinem Vater, meiner Mutter und all meinen Geschwistern mitzuteilen: „ Von nun an werde ich kein Fleisch mehr essen". Es war eine einschneidende Handlung, die Kritik und Widerstand herausfordern würde. Einige Monate lang war ich von diesen Gedanken zwar bewegt, aber fast nichts davon setzte ich in die Praxis um. Eines

Tages sass ich in Mailand wieder mit meinem Freund Osvaldo in einem Auto und wir parkten gerade, um auf jemanden zu warten. Zwanzig Meter von uns entfernt stand auch ein Lastwagen vor einem Warenhaus, aus welchem grosse Stücke eingefrorenen Kalbfleisches ausgeladen wurden. Wir beobachten die Szene und Osvaldo kommentierte das lebendig: „ Schau, diese Grausamkeit, die armen Tiere zu töten, um sie zu essen! Ausserdem, wer weiss denn, wie alt das Fleisch ist? Es ähnelt dem Essen eines verwesenden Leichnams.

Nun, es hatte sich keine realistischere und nachdrücklichere Situation ereignen können, um in mir eine totale Abneigung gegen solche Nahrung hervorzurufen. Es brachte eine solch grosse Überzeugung und Entschlossenheit in mir hervor, dass ich nicht länger Schwierigkeiten hatte, zu Hause zu verkünden: „Von heute an werde ich kein Fleisch mehr essen; ich bin Vegetarier geworden.“

Meine Brüder amüsierten sich ein wenig – sie waren meine bizarren Gefühlsausbrüche gewöhnt und waren davon überzeugt, dass es nicht lange anhalten würde – doch meine Eltern waren weitaus mehr alarmiert und sorgten sich sehr um meine Gesundheit; besonders meine Mutter, die mich weiterhin sehr liebte, war sehr betroffen, war aber bereit, mich dabei zu unterstützen. Mein Vater verstand mich überhaupt nicht und er dachte oder befürchtete, dass ich einen Weg eingeschlagen hätte, der mich geradewegs in den Wahnsinn treiben würde.

Meine Brüder behielten nicht Recht; es war keine extravante Verhaltensweise oder ein vorübergehendes Experiment. Seitdem sind achtunddreissig Jahre vergangen und kein Bissen Fleisch hat jemals meinen Mund erreicht. Ich habe nie einem Tier das Leben genommen, um meinem Körper als Nahrung zu dienen oder aus Gaumenfreuden heraus. Wie wichtig war diese Geste und wie geeignet der Augenblick! Nur ein Jahr später stand mir eine Begegnung bevor, die eine entscheidende Auswirkung auf mein Leben haben würde und mein grosser Meister bereitete mich auf unsichtbare Weise auf dieses Treffen vor.

In jenem Winter kehrte ich Weihnachten nach Amsterdam zurück, diesmal auch mit Virgil und drei unserer Freunde und zwar im Auto, das Virgil und ich uns zusammen angeschafft hatten. Virgil blieb dort einige Tage und fuhr dann wieder nach Hause, während ein Freund namens Claudio und ich uns dort eineinhalb Monate lang aufhielten und in dieser Zeit bekam ich ein viel eingehenderes Wissen von den damaligen Eigenheiten dieser Stadt. Ich bemerkte, dass die Mehrheit der jungen Leute beiderlei Geschlechts, die dort für kurz oder länger oder auf Dauer wohnten, mehr oder weniger stark drogensüchtig waren und viele von ihnen dadurch schon zu Trauergestalten heruntergekommen waren. Das hatten sie damit erreicht und nicht die vermutete Freiheit und das Überschreiten des Kőrperbewusstseins und seiner Begrenzungen! –den meisten von diesen armen Menschen ging es sehr schlecht; sie vegetierten wie heimatlose Geister vor sich hin auf der Suche nach einem Schlafplatz und einem Bissen Nahrung.

Natűrlich gabe es unter den vielen auch manch einzigartige und faszinierende Persőnlichkeit, die das Beste aus dieser Erfahrung gemacht hatte und dann auf konstruktive Art und Weise weiterlebte, aber das war eine verschwindend geringe Anzahl. Viele sprachen von grossen Dingen, stellten sich als grosse Menschen dar, ahmten diese oder jene Popgrősse nach, aber sie fuhren mit ihrer Lebensweise fort, etwas Falsches zu essen und selbst schlimmere Dinge als die gewőhnlichen Leute zu tun.

Ich fűhlte nicht , dass ich in dieser Stadt meinen Weg finden wűrde und ich kam frűh im Februar Heim, doch nach ein paar Monaten wurde ich erneut von dieser verrűckten Idee erfasst und ich wollte wieder zurűck nach Amsterdam. In der Zeit zwischen diesen beiden Reisen sprachen sich meine Taten im ganzen Ort herum (Cernusco S/N) und viele meiner Freunde wurden von dieser Erfahrung angesteckt. Eine grosse Zahl entschloss, die Reise mitzumachen und als ich im April zurűckkehrte, begleitete mich ein gutes Dutzend. Wir waren alle Jungen und unter zwanzig Jahren alt und unsere Eltern machten sich grosse Sorgen um uns und viele sahen in mir den in die Irre fűhrenden Rädelsfűhrer.

Zu Beginn waren Osvaldo und ich alleine und nach einiger Zeit kamen allmählich die anderen an. Wir fand ein Haus und lebten einige Monate zusammen. Eine andere Sache, die in jener Zeit sehr modern war, war das Leben in einer Kommune und dort erhielten wir eine erste Erfahrung dieser Art, aber dabei blieb es nicht, wie wir noch sehen werden. Vor der Ankunft der anderen Freunde, als Osvaldo und ich noch allein waren, geschah mit mir auf einmal etwas Überraschendes: Ich fűhlte mich sehr unwohl. Ich kann es nicht erklären, denn ich war doch sonst immer so glűcklich und frőhlich, aber plőtzlich war mir, als ob ich überhaupt nichts mehr mochte, allen Lebenssinn verloren hatte und nichts konnte mich aufmuntern. Ich empfand eine grosse Verzweiflung und versuchte den Grund fűr diese Veränderung zu verstehen; wenn es denn einen geben mochte! Es war fast so, als wäre ich auf einmal mit der hässlichen Seite des Lebens konfrontiert und ich begann jeden Menschen mit anderen Augen zu betrachten. Ich konnte in jedem die negativen Seiten entdecken und es war schwer, irgendwo etwas Positives wahrzunehmen, in mir und auch ausserhalb von mir. Ich arbeitete hart an mir selbst, um die Situation in Ordnung zu bringen, aber egal was ich versuchte, nichts hatte Erfolg.

Nach ein paar Tagen kam einer meiner Freunde aus Mailand, Ferruccio Arrigoni, und gab mir ein Buch über den Buddhismus zu lesen. Er sagte nur: „Ich denk, das solltest du lesen." Und Gott sei Dank, was für eine Erleichterung brachte mir diese Buch! Es handelte von der Religion des Buddhismus und seinen Lehren, von der Philosophie des Karma und der sich daraus ergebenden Theorie der Wiedergeburt, dem Weg des Leidens und dem Weg zur Befreiuung von allem Leid.

Was für einen Frieden gab mir dieses Buch und es deutete eine so hochgeistige Richtung an. Ich zog mich weiterhin zurück von jedem, der mich hätte stören können und las und las in diesem Buch, aber all meine Probleme konnte es auch nicht lösen.

Osvaldo hatte von den „Hare Krishnas" gehört und ihren Tempel in Amsterdam besucht. Ich hatte sie schon in der Stadt gesehen, in orangefarbene indische Gewänder gekleidet und kahlgeschoren wie Hindumönche. Während ihrer täglichen Stadtausflüge sangen sie mir unverständliche Worte und verschwanden dann nach einer Weile wieder. Osvaldo fragte mich, ob ich mit zum Tempel kommen wolle und ich und unsere anderen Freunde stimmten zu und so gingen wir dorthin. Es war ein sehr interessanter Besuch: Wir wurden freundlich empfangen; wir wurden gebeten, uns zu setzen und zu warten. Nach einer Weile kam jemand und versuchte etwas auf Englisch zu sagen, doch keiner von uns sprach Englisch und so konnten wir uns nicht mit Worten verständigen. Nachdem einige Zeit verstrichen war, hatte sich jedermann im Tempel versammelt und sie begannen mit ihrem Ritual, der Puja, oder dem Gottesdienst, genannt Kirtan. Sie begannen mit dem Singen vedischer Mantras und tanzten sanft zuerst zum Gesang „Hare Krishna, Hare Krishna, Krishna Krishna Hare Hare, Hare Rama, Hare Rama, Rama Rama Hare Hare." Allmählich wurde der Rhythmus stärker und schneller bis sie schliesslich mit Armen und Beinen in alle Richtungen sprangen. Wir verhielten uns mehr wie Zuschauer und machten teilweise mit, aber es war ein sehr überraschendes und originelles Geschehen: mit was für einer herzlichen Begeisterung verehrten diese Menschen ihren Gott! Ganz anders als das, was man in einer Kirche sehen kann, die der einzige Ort der Gottesverehrung war, den ich bisher gesehen hatte, dort wo die Menschen eine Show daraus machen, wenn sie in ihrem neuen Anzug erscheinen und während die Priester die Messe lesen, sprechen sie über alles Mögliche. Nein, hier war das anders! Sie waren so darauf konzentriert und mit dem Herzen dabei.

Als wir fortgingen nahm ich den Eindruck mit, dass diese Jungen und Mädchen im Vergleich zur Welt ausserhalb ihres Tempels zwar auf einer Insel lebten, aber die Verschmutzung der äusseren Welt konnte sie nicht erreichen. Ich hielt sie für sehr nett und sauber, sowohl körperlich wie geistig und das beeindruckte mich sehr. Nicht alle meiner Freunde hatten das gleiche Gefühl; einige sagten, sie seien zu sehr folkloristisch, andere meinten sie seien vom normalen Sozialleben zu stark abgehoben und so weiter.

Wir besuchten sie noch andere Male und es war für mich jedesmal die Gelegenheit eine schöne Zeit zu verbringen, an einem ruhigen Ort, in einer viel angenehmeren Atmosphäre als in den Strassen, auf den Plätzen und Discoclubs der Stadt. Unglücklicherweise sprachen wir weder Holländisch noch Englisch und so konnten sie uns nicht indoktrinieren, was vielleicht gar nicht so schlecht war. Ich konnte schon mit der Schwingung an diesem Ort zufrieden sein und mit dem Eindruck, den sie mir vermittelten und auch als ich bei einem dieser Besuche Swami Prabhupada, ihren Gründer und spirituellen Führer traf, kam ich mit meinem Instinkt und meiner Intuition aus. In seiner Gegenwart hatte ich keine besondere Empfindung oder Wahrnehmung, die von dem wesentlich abgewichen hätte, was ich bei meinen bisherigen Besuchen dort erlebt hatte. Er sass auf einem sehr grossen geschmückten Stuhl, eher gesagt einem Sessel mit gekreuzten Beinen und vor ihm befand sich das Opferfeuer „Dhuni", in welchem Blumen, Früchte und Räucherware verbrannt wurde. Er sang die vedischen Mantren ins Mikrofon, welche von den Anhängern wiederholt wurden (Mantras sind wie schon kurz erwähnt, kurze Gebete oder bestimmte Formeln, die bei der Meditation oder Ritualen verwendet werden, um die Aufmerksamkeit auf Gott zu konzentrieren). Am Ende der Zeremonie boten sie allen Anwesenden eine Mahlzeit an aus vorzüglichen vegetarischen Gerichten und dann erhob sich der Swami, um zu gehen. Die Ergebenen verneigten sich vor ihm und bildeten so zwei Reihen von Köpfen, zwischen denen er hindurchgig und den Tempel verliess, um dann mit einem Auto fortzufahren.

Ja, es war gut für mich, ich fühlte mich unter ihnen zufrieden, ich fand ein wenig Frieden, aber meine inneren Probleme waren nicht ganz gelöst und ich empfand noch immer ein ziemliches Unbehagen, was mich gelegentlich überfiel und mir keinen Frieden liess.

Eines Tages sass ich in einer Studentenmensa, als ich ich eine gewisse Kraft wahrnahm, die mich nach unten zog und mich schlecht fühlen liess und da dachte ich: „Wie kann ich nur meine Lage verbessern, was kann ich tun, um davon frei zu werden'" Auf ein Mal erinnerte ich mich an einen Satz, den ich in einer Zeitschrift gelesen hatte: „Alles was existiert ist Liebe, es gibt nichts als Liebe; Liebe bist Du und das was Dich umgibt." Diese aussergewöhnlichen Worte wiederholte ich in Gedanken eine Weile und plötzlich war mir, als ob ich tief in meinem Innern eine Quelle gefunden hätte, die in mir einen hehren Bewusstseinszustand hervorrief, den ich mir nie zu erträumen gewagt hatte. In mir entstand solch ein klarer und strahlender Bewusstseinszustand, eine so deutliche Wahrnehmung davon, was der Sinn des Lebens ist. Es war so, als schaue man mit einer Lupe auf das Leben; alle bisher für unbedeutsam oder unsichtbar gehaltenen Dinge, wurden unglaublich lebendig. Viele Dinge, die normalerweise in meinen Gedanken weilten, waren unwichtig geworden und manch anderes, was sonst eher ein Schattendasein geführt hatte, kam an die Oberfläche: die Liebe für Gott und für den Nächsten, Liebe ohne Grund oder Zweck als eine reine Energie, die allem anderen Leben und Bedeutung gibt. Es war für mich ein grosses Gefühl der Freiheit, schliesslich herausgefunden zu haben, was der Grund für die Existenz ist, nämlich, Gott zu finden und in Ihm aufzugehen. Ich war so unglaublich glücklich, ein Gefühl der Ganzheit und Erfüllung. Ich verstand nun, dass mein Lebenssinn vor allem darin bestand die Wahrheit der Existenz oder Gottes herauszufinden und alles andere dem untergeordnet war. Das war meine erste wirkliche spirituelle Erfahrung, der viele andere folgen sollten.

Diese Erfahrung hielt mehrere Stunden an, bis ich abends einschlief, aber sie änderte meinen Lebensweg. Sie gab mir einen solchen Schwung und Entschlossenheit, die mich von da an nie mehr losliessen.

Nun wusste ich genau, was ich wollte; ich wusste, dass der Sinn des Lebens darin bestand, Gott zu finden und eine grosse Liebe für Ihn zu entwickeln und alles andere war vergleichsweise unwichtig.

Kurz danach kehrte ich nach Italien zurück; ich sah keinen Grund, länger in Amsterdam zu bleiben. Ich wusste jetzt, dass man durch Selbstdisziplin, Meditationspraxis und Konzentration Kontrolle über das Gemüt und die Sinne erlangen kann und dass das an jedem Ort möglich ist.

Angekommen, traf ich meinen Bruder Virgil am Cernusco-Bahnhof, der gerade zufällig dort war. Er begleitete mich nach Hause und ich berichtete ihm kurz, was mir widerfahren war und was ich vorhatte. Er hörte mir zu, aber ich weiss nicht, wie viel er an jenem Abend davon begriff, was für mich wirklich und greifbar war, für ihn aber nur eine vorübergehende Laune.

Nach ein paar Tagen ging ich nach Mailand und kaufte zwölf oder dreizehn Bücher zu verschiedenen spirituellen Themen: „Die Synthese des Yoga" von Sri Aurobindo, „Zen-Buddhismus" von Suzuki and andere, deren Titel ich nicht erinnere. Ich hatte einen so grossen Wissensdurst! Wieder zu Hause verbrachte ich die nächsten paar Monate damit, diese Bücher eifrig zu lesen und jede spirituelle Praxis, die ich verstand, in die Tat umzusetzen. Ich hörte auf, im Bett zu schlafen und schlief auf dem Boden auf einer Decke, ich begann mich Hatha-Yoga Übungen und mit Pranayama (Atemtechniken). Der Zweck dabei war, die aussergewöhnliche Erfahrung wie auch immer zurückzuholen, die mir widerfahren war.

Langsam erkannte ich, wie schwierig es war, eine bewusste Kontrolle über das Gemüt und die Gedanken zu erlangen und ich dachte: „ Wie eigenartig ist es doch welche Kraft die Gedanken doch über uns haben und war für Opfer und Sklaven dieses absoluten Tyrannen wir geworden sind...". Das Denken anzuhalten - was für ein grosses Unterfangen! Aber wenn wir uns mit Eifer dieser Sache widmen und uns nicht von Rückschlägen entmutigen lassen, kommt von Zeit zu Zeit ein Geschenk von oben. Dann gibt es eine Unterbrechung im Nebel der endlosen Gedanken und wir mögen etwas Höheres erfahren, was uns ermutigt, fortzufahren.

Ich hörte auf, meine Freunde regelmässig zu besuchen und traf meist nur jene, die gleiche Interessen hatten; aber nach und nach schlossen sich fast alle diesen Nachforschungen an und lasen kurz darauf Bücher über Yoga, Buddhismus und allgemeine östliche Philosophie. Meine Eltern waren voller Sorge, besonders mein Vater, der mehr und mehr davon überzeugt war, dass ich meinen Verstand verloren hätte. Meine Mutter war auch besorgt, aber irgendwie glaubte sie an mich. Sie konnte meine Gedanken nicht nachvollziehen, aber sie erkannte, dass eine Logik und eine Geschlossenheit in dem war, was ich sagte und dem was ich tat.

Damals kam in Mailand die erste Fassung des Films „Bruder Sonne, Schwester Mond" auf die Leinwand, ein Film über das Leben des heiligen Franz von Assisi. Er war schon zu einem Mythos geworden, dem ich sehr nacheifern wollte. Als ich von diesem Film hörte, ging ich ohne zweimal nachzudenken in die Vorstellung. Eine Gruppe von Freunden begleitete mich in das Mailänder Kino, an dessen Namen ich mich nicht mehr erinnere und was dort mit mir geschah, war so unglaublich, dass selbst ich es nicht für möglich gehalten hätte. Es erschienen die ersten Bilder auf der Leinwand, welche beschrieben, wie er in den Krieg ziehen sollte und in diesem Moment von einer schweren Krankheit heimgesucht wurde, die sein Wesen total umkrempelte, so dass er seine Kriegspläne mit einem äusseren Feind fallen liess, um sich mit dem Feind in seinem Inneren zu befassen. In diesem Augenblick wurde ich von solchen Emotionen überrannt, dass ich in Tränen ausbrach, die unkontrollierbar waren. Während des ganzen Filmes konnte ich den Tränen nicht Einhalt gebieten. Es war mir, als sähe ich mich selbst in ihm und dass das Gleiche mit mir geschehen war und sich immer noch ereignete. Es war so unwirklich wirklich, wie es sich mit Franz von Assisi ereignete und vielen anderen Liebenden Gottes. Jetzt bringe ich das mit Worten und Sätzen zum Ausdruck, aber damals gab es dabei kein Denken, es war eher wie eine unglaubliche Infektion, die mich befallen hatte und fest in ihrem Griff hielt.

Wie viele Emotionen durchliefen mich während dieser Filmvorstellung ! Was für eine göttliche Liebe erfuhr ich! Als ich das Kino verliess, war ich wie betrunken, halb auf auf der Erde, halb in der Luft schwebend und das erste Mal erfuhr ich einen starken göttlichen Rausch.

Wie ich schon berichtete, gab es damals die Traumvorstellung von einer Kommune und junge Menschen, mit anderen Neigungen als die der Konsumgesellschaft zog es danach, auf dem Land zu leben. Sie wollten irgendwo als Bauern wohnen, und um der Gesellschaft zu beweisen, dass man anders leben konnte. Es gab darunter auch solche mit Vorliebe für die Mystik. Diese fügten den bereits genannten Faktoren den Wunsch hinzu, die komplexe Welt der Gesellschaft einer Grossstadt zu verlassen, welche keine Zeit zu leben und zu atmen lässt, um zurück in die Natur zu gehen und dort Gott in seiner göttlichen Umgebung zu verehren, in einer reinen und unverschmutzten Umgebung, frei von Laster, Eitelkeit und der Hektik und dem Stress der Stadt. Auf gewisse Weise wollten sie wie Franz von Assisi leben, der die Stadt verlassen hatte, in welcher er im Luxus seiner reichen Familie lebte, mitten im Pomp und der Eitelkeit der jungen Leute seines Standes und von denen er sich abhob. Indem er dieses Leben verliess, zog er in absoluter Armut aufs Land in die Porziuncola, wo er diese kleine Kirche aus Ruinen wieder neu aufzubauen begann.

Nachdem ich diesen Film über sein Leben gesehen hatte, war ich noch mehr vom Wunsch besessen, etwas Ähnliches zu schaffen. In diesem Sommer suchten Virgil, Joseph, ich und einige unserer Freunde während der Ferien weit und breit in Umbrien und der Toskana nach einer Farm im Gebiet der Apenninen; damals begehrte Landstriche für solch ein Vorhaben.

Wir hatten überhaupt kein Geld, aber wir dachten unschuldig, dass wir einen unbewohnten Platz einfach so beziehen und dort leben könnten. Damals waren viele Bauernhöfe verlassen, da die Bauern, von der Stadt oder von der Arbeit in der Industrie und in maschinellen Handwerksbetrieben angetan waren, so wie es ja bei meiner Familie der Fall gewesen war, und welche so das Landleben zugunsten der Stadt eingetauscht hatten.

Zuerst unternahm wir eine Pilgerfahrt nach Assisi, um die Atmosphäre des Heiligen Franz zu atmen. Wir besuchten die Hauptorte seines Wirkens: Die Kathedrale, in der sein Körper zur Ruhe gebettet wurde, die Kirche San Damiano, in der Clara mit ihren Schwestern lebte – der „Orden der Armen Frauen", und die Santa Maria degli Angeli, wo das Kirchlein „La Porziuncola" immer noch intakt zu sehen ist. Auch besuchten wir die Umgebung, wo er mit seinen Begleitern, den Franziskanern gelebt hat.

Es war ein grosses Erlebnis; ich empfand, dass diesem Ort noch ein Odem einer erhabenen und lieblichen Gegenwart anhaftet, der der Seele Trost schenkt und einen Geschmack des grossartigen Friedens höherer Regionen. In den folgenden Jahren bin ich viele Male nach Assisi zurückgekehrt und wurde nie enttäuscht; ich habe dort an verschiedenen Orten meditiert und von Anfang an wurde ich mit grossem Frieden, Liebe und göttlicher Trunkenheit erfüllt. Die ganze Stadt strömt diese Atmosphäre aus (obwohl die dort lebenden Menschen sich dessen nicht bewusst sind) und ich glaube, dass es fünf besondere Orte gibt, an denen man dies am stärksten wahrnehmen kann: Sein Grab, das Grab der Heiligen Clara, San Damiano, die Eremitage der Gefangenen und die Porziuncola.

Nach jenem Besuch von Assisi erforschten wir die dortige Landschaft, und wir übernachteten in einem verlassenen Bauernhof und wollten dort erst einmal bleiben, aber wie man sagt: „Leichter gesagt als getan." Bald erkannten wir, wie schwer es ist an einem solchen Ort zu leben und nach wenigen Tagen kehrten wir nach Hause zurück. Obwohl dieser erste Versuch schiefging, heisst es nicht, dass er nutzlos war; es war wie das Öffnen einer Tür zu einer neuen Möglichkeit und ein erster Schritt auf einem künftigen Lebensweg.

Zurück daheim wohnte ich wieder bei meinen Eltern, doch die Idee mit anderen zusammenzuleben, liess mir keinen Frieden und so bewegte ich Virgil, Ferruccio, Claudio und meine anderen Freunde dazu, einen Ort in der Nähe zu finden, wo wir diesen Traum verwirklichen könnten. Wir fanden einen solchen Hof ausserhalb von Cernusco. Er bestand aus drei grossen Räumen, die ziemlich heruntergekommen und auch nicht verputzt waren. Mit grossen Enthusiasmus arbeiten wir alle an der Renovierung bis ich zusammen mit Osvaldo und Claudio dort einziehen konnte. Virgil lebte dort nicht auf Dauer, zumindest aber von Zeit zu Zeit, so wie viele andere auch.

Zuerst war es wundervoll, wir statteten das Haus mit allem was wir hier und da finden konnten oder uns von jemandem angeboten wurde, aus. Wir schmückten die Wände zum Beispiel mit dem Bild Shri Aurobindos (dem Verfasser der „Synthese des Yoga"), welchen wir sehr liebten und der auf eine gewisse Weise unser Vorbild war, oder mit einem riesigen Mandala (ein konzentrisch-geometrisches Bild), was wir gemalt hatten. Wir pflegten auch, uns auf ein Bild Buddhas zu fokussieren und taten andere derartig spirituell inspirierenden Dinge. Wir hielten diesen Ort sauber und rein, bequem und erfreulich. Wir hörten Musik, übten Hatha Yoga und Pranayama (niemand hatte uns unterrichtet, es war nur aus Büchern gelernte Techniken), lasen spirituelle Bücher und blieben vor allem zusammen.

Dieses Leben endete für mich ungefähr nach einem Monat, als mein Vater wegen eines Herzinfarkts in ein Mailänder Krankenhaus musste und dort am 2. Oktober starb. Ich hatte ihn vielleicht eine Woche lang nicht gesehen und als ich das erfuhr, eilte ich in die Klinik. Es war so unerwartet, dass sich mein Leben dadurch veränderte.

Ich hatte kein enge Beziehung zu meinem Vater; er verstand mich überhaupt nicht und ich bin ihm deshalb auch nicht gram und ausserdem redeten wir selten miteinander. Ich glaube auch, dass mein Auszug von Zuhause ihm sehr zugesetzt hat. Wir sahen die Dinge, deren Notwendigkeiten und die damit verbundenen Kräfte von ganz entgegengesetzten Standpunkten, so dass diese kaum in Einklag miteinander zu bringen waren. Aber jeder muss seiner Natur folgen und sich selbst treu bleiben. Auf meiner Seite gab es damals den Drang, mich ihm gegenüber, koste es was es wolle, durchzusetzen, damit ich meinen Lebensweg selbst wählen konnte als das meine Seele beherrschende Verlangen.

Als er starb, weinte ich sehr. Ich hätte es mir vorher nicht vorstellen können, aber ich wurde von grosser Trauer übermannt und es war mir, als würden sich all unsere Meinungsverschiedenheiten auflösen. Ich sah nur noch all das Gute, was er für uns alle getan hatte und empfand Zuneigung für ihn im Herzen.

Wir hatten in Lecce noch das Haus in Borgagne und eine Menge grosser Olivenbäume auf dem dazugehörigen Land. Mein Vater fuhr jedes Jahr für mehrere Monate dorthin, um Oliven zu pflücken und auch in diesem Jahr war dies so. Wenig später verliess er uns. Offensichtlich brauchten wir jemanden, der diese Aufgabe übernahm und meine Mutter bat mit darum. Ich war gerne dazu bereit und überliess die Kommune den anderen umgehend. Die nächsten beiden Monate verbrachte ich allein in Borgagne und beendete die Olivenernte, die in diesem Jahr sehr ertragreich war mit einigen dafür angeworbenen Arbeitskräften.

Die Trennung von allem in Mailand war in diesem Lebensabschnitt sehr wichtig, um zu erkennen, ob meine spirituelle Sehnsucht nur das Ergebnis einer Gruppenpsychose war oder ein aus mir selbst heraus entstandenes echtes Verlangen. Ich arbeitete hart während dieser Monate, aber praktizierte auch etwas Yoga und Meditation und versuchte dadurch, die Flamme am Leben zu erhalten. Da ich keinen hatte, mit dem ich darüber reden konnte, war es nicht einfach. Nach all dem, was mir im vergangenen Jahr widerfahren war, brauchte ich ein wenig Entspannung, um mit mir selbst ins Reine zukommen und die Authentizität und Ernsthaftigkeit meiner Bestrebungen zu bewerten.

Als ich nach Mailand zurückkehrte, ging ich nicht wieder in die Kommune, sondern wohnte wieder im Elternhaus zusammen mit meiner Mutter, Virgil und meiner Schwester. Franco und Fernando waren seit ein paar Jahren verheiratet, mein Vater war nicht mehr bei uns und so war dies nun der Rest meiner grossen Familie.

Meine Mutter litt sehr unter dem Tod meines Vaters und ertrug es nicht, wenn ich fort war. Ausserdem hatte sich die Umgebung und Atmosphäre in der Kommune stark verändert und ich fühlte mich dort nicht mehr wohl. Während meiner Abwesenheit hatten sich die Dinge dramatisch verschlechtert. Jetzt kamen viele Jungen und Mädchen aus Brera dorthin (dem alternativen Stadtteil Mailands, in dem sich alle Künstler und Hippies sammelten) und brachten sehr gemischte Interessen mit. Keiner kümmerte sich mehr darum, das Haus ordentlich und sauber zu halten und Yogaübungen und Meditationen fanden nicht mehr statt; im grossen und ganzen wechselte der Focus Sex, Drugs und Rocknroll. Es schien, als habe jeder schon immer alles gewusst und sei zu einem Gelehrten und Philosophen geworden, als hätten sie alle alles verstanden, wenn man mit ihnen sprach. Die Luft war mir zum Atmen schwer, das Ziel, weshalb dieser Ort errichtet worden war, war komplett aus der Sicht verschwunden und ich hatte daran kein Interesse und so zog ich das Elternhaus vor.

Ich zerschnitt aber nicht alle Freundschaftsbande und besuchte sie von Zeit zu Zeit aber es erschien mir jedes Mal, als käme ich in eine Sackgasse.

INDIENREISE

Der Winter ging mit dem Frost und Nebel Mailands vorüber und brachte sowohl die Natur als auch menschliche Regungen zum Stillstand, indem die Gedanken verwirrt waren und man das Ziel vor den Augen verlor. Sogar bei mir hatte der Winter das innere Feuer und Verlangen etwas geschwächt, aber mit dem ersten Frühlingserwachen – wenn die Luft vor neuem Leben strotzt und sich ein Aufatmen Bahn bricht – erwachte auch meine Seele und meine Sehnsucht wieder. Von da an fand ich keinen Frieden, bis ich wieder die Beharrlichkeit zurück gewann, nach dem „Elan vitale" zu suchen, das ich so sehr vermisste.

Ich hatte in Büchern und Zeitschriften gelesen, dass es in Indien Gurus, Heilige und Lehrer aller Couleur gab. Ich erwähnte bereits, dass ich Shri Aurobindo in gewisser Weise für meinen Führer hielt. Obwohl ich wusste, dass er tot war und auch nicht die „Mutter" kannte(Mira Alfassa, die Französin, die sein Werk in Pondicherry fortsetzte), wollte ich diesen Ort aufsuchen. Ich wollte doch so sehr einem lebenden Heiligen begegnen, meinem Guru oder Meister, um von ihm die spirituelle Lehre und Inspiration zu empfangen, um voranzukommen. Ich fühlte, dass für jemanden, der auf dem spirituellen Weg weiterkommen will, eine solche Begegnung lebensnotwendig ist – ohne diese sind die Hindernisse unüberwindbar.

Ich konnte es also nicht abwarten, nach Indien aufzubrechen und ich zählte die Tage bis zum Aufbruch. Meine Freunde empfanden nicht einen solchen Drang und unter ihnen entschloss sich nur einer, Claudio, mich auf diesem Abenteuer zu begleiten. Der Gedanke, mit dem Flugzeug zu reisen, stand ausser Frage. Nein, wir mussten den Landweg durch den mittleren Osten nehmen, und Schritt um Schritt die lange Strasse beschreiten, die sich von Mailand bis Indien über 9000 km erstreckte und schliesslich das magische Land erreichte, wo sie noch existierten –die lebenden Heiligen! So dachte ich, so handelte ich.

Wir verliessen Mailand am 2. März 1973 in einem Zug nach Brindisi und bestiegen dort ein Schiff, das uns nach Patras in Griechenland brachte.

Einmal in Griechenland, nahmen wir einen Bus nach Tessaloniki und dann einen Zug nach Istanbul. Dieser ganze Trip dauerte eine Woche und er gab uns einen Vorgeschmack dessen, was noch kommen würde. Der allmähliche Wechsel von Mailand nach Istanbul über Italien und Griechenland ist eine wunderbare Erfahrung, denn man kann so Schritt für Schritt die unterschiedliche Lebensart und die verschiedenen Empfindungen der Menschen aus dem Westen und dem

Osten wahrnehmen. Das wird noch deutlicher, wenn man von der Türkei aus durch den Iran, Afghanistan, Pakistan und schliesslich nach Indien kommt.

In Griechenland erinnerte mich noch Vieles an Süditalien, so sehr, dass mich die Natur und die Landschaft sehr inspirierten. Ich erinnere mich, dass wir beim Durchqueren der Gegend zwischen Patras und Tessaloniki in ein verlassenes Gebiet kamen, in welchem wir meilenweit niemanden weder hören noch sehen konnten. Dort erreichte ich einen Bewusstseinszustand, in dem sich in meinem Kopf Gedichte wie von selbst und und unvorstellbar inspirierend zusammenfügten.

Dort und später in Istanbul war es sehr schwer, vegetarisches Essen zu bekommen. Wir unterbrachen die Reise für ein paar Tage in Istanbul und so konnte ich diese halböstliche Stadt besichtigen. Für mich gab es da nichts Besonderes ausser der berühmten Brücke, die den westlichen mit dem östlichen Teil verbindet und der berühmten Blauen Moschee, die wirklich ein grosses Kunstwerk des Islam darstellt. Ich empfand in dieser Moschee nichts ausgesprochen Heiliges, vielleicht weil sie ein bekannter Anziehungspunkt für Touristen ist, aber dennoch faszinierte sie mich. Als ich später andere Moscheen betrat, die kleiner und weniger bedeutend waren, habe ich die Gegenwart einer unsichtbaren Kraft weitaus stärker empfunden.

In Istanbul hatte Claudio, der keinen Pass besass, gehofft falsche Papiere kaufen zu können, um die Reise fortzusetzen, damit er nicht nach nach Italien zurückreisen müsse. Eines abends blieb ich im Hotel als er losging, um einige Leute wegen eines Passes zu kontaktieren. Binnen kurzem kam er wieder und sagte begeistert, für den nächsten Tag sei ihm ein Pass versprochen worden und dass er schon alles Geld dafür hingeblättert habe. Ich bezweifelte, dass diese Leute ihr Wort halten würden und diese Sorge war berechtigt, denn als er am nächsten Morgen zu der Verabredung ging, wartete er lange, aber keiner kam! Er kehrte nach einigen Stunden sehr traurig ins Hotel zurück, sich nun dessen sicher, dass er die Reise nicht würde fortsetzen können. Er hatte schon den grössten Teil seines Geldes ausgegeben und konnte keinen neuen Anlauf wagen.

Diese Zeit war eine gewaltige Prüfung für mich, denn wenn ich jetzt weiterreisen wollte, dann müsste ich das allein tun. Hätte ich Englisch gekonnt, hätte das nichts gemacht, aber damals sprach ich kein Wort dieser Sprache (in der Schule hatte ich Französisch gelernt). Ich überlegte, was es bedeutete, eine Reise von 6500 km zu unternehmen, und nicht zu wissen, wie ich eine Bus- oder Bahnfahrkarte kaufen konnte, niemals mit jemandem reden oder in schwierigen

Situationen jemanden um Hilfe bitten zu können. Und so erlitt einen Augenblick der Verzweiflung und Unentschlossenheit: Sollte ich es wagen oder nicht? Nach einer Weile sagte mir Claudio, dass er einen Kleinbus auf dem Platz gesehen habe, einen Kleinbus aus Como und er schlug vor: „Warum fragst du sie nicht, ob sie dich mitnehmen können?" Ich nahm bereitwillig diese Idee auf und lief los, um zu schauen, ob der Wagen noch da stand. Ja, da stand er und war abgeschlossen. Wir warteten etwas in der Hoffnung, dass die Eigentümer kommen würden und glücklicherweise war das nach einer halben Stunde auch der Fall. Es waren vier Jungen und ein Mädchen, welches mit dem Wagenbesitzer befreundet war. Ich fragte sie daraufhin:" Darf ich euch fragen, wo ihr hinfahrt?" Sie zögerten etwas und antworteten dann „wir fahren nach Indien". So nahm ich all meinen Mut zusammen und bat sie mich mitzunehmen. Der Wagenbesitzer zog ein Gesicht, was seine Entschlossenheit zum Ausdruck brachte, niemandem zu erlauben, die Privatsphäre der Gruppe zu stören; die anderen wussten, das es seine Entscheidung war. Er zögerte etwas, da er eigentlich ablehnen wollte, aber irgendetwas ging in ihm vor und er konnte mich nicht abweisen und sprach: „Nun, wenn du dich an den Reisekosten beteiligst, kannst du mitkommen. Ich war sofort einverstanden; sie meinten, sie wären dabei abzureisen und dass ich mich beeilen solle, mein Gepäck zu holen.

In Windeseile war ich wieder da, verabschiedete mich von Claudio, der sich nun entschlossen hatte, nach Italien zurückzukehren und binnen kurzem brachen wir nach Indien auf. Ich war so froh und aufgeregt ! Aber ich realisierte nicht, dass mir jemand geholfen hatte und hätte es diese unsichtbare Intervention nicht gegeben, hätte Caesar (das war der Name des Eigentümers) nein und nicht ja gesagt. Dies war die Gnade des einen, der mich gerufen hatte und die erste direkte Auswirkung Seiner Gnade, und auch nicht die letzte. Ausserdem, wenn ich mich entschlossen hätte, allein weiterzureisen, auf den Strassen, die von den meisten begangen wurden, die damals nach Indien und von Indien reisten, hätte das bedeutet, dass ich mich ohne Not in gefährliche Situationen begeben hätte. So aber fand ich mich in einem Behälter aus Eisen wieder, der Sicherheit und Schutz bot.

Wir fuhren ungefähr 500 km am Tag; er hielt in der ersten grösseren Stadt, welche in dieser Entfernung lag. So war es eine entspannte Fahrt ohne die Sorge rechtzeitig irgendwo sein zu müssen, ohne Hast und ohne den geringsten Stress. Bald freundete ich mich mit allen aus der Gruppe an und sie behandelten mich wie ihresgleichen. Es waren ungefähr zwanzig Studenten, die wie ich zum ersten Mal nach Indien reisten (ausser Caesar, der dort schon einmal gewesen war). Es war eine grosse Hilfe mit Caesar zu fahren, denn er kannte den Weg schon, da er auch das Mal zuvor mit dem Wagen gefahren war.

Nachts schlief ich mit einem anderen im Auto während die Übrigen ins Hotel gingen. Das war in Ordnung so, denn sie wussten, dass das Fahrzeug und sein Inhalt bewacht wurden. Ich versuchte so Geld zu sparen, weil ich eineinhalb Jahre in Indien bleiben wollte und obwohl ich genug Geld mithatte, dachte ich es sei das Beste, so wenig wie möglich davon auszugeben.

Wir durchquerten auf dieser Strasse die ganze Türkei, da dies der kürzeste Weg nach Indien war. Wir kamen in den Iran und als wir die Hauptstadt Teheran erreichten, machten wir eine dreitägige Pause – sie alle brauchten Visa und hier mussten sie sie beantragen, bevor wir in die afghanische Botschaft gingen (ich hatte bereits in Mailand alle erforderlichen Visa erhalten). Während dieses ersten Teils unserer Reise überquerten wir das Bergland, in welchem noch eine Menge Schnee lag, sowohl in der Türkei, als auch im Iran, aber von dort an erwärmte sich das Klima. Ich erinnere mich nicht mehr sehr an den türkischen Teil, aber der Iran faszinierte mich stark. Er erschien mir wie ein magisches Land voller Mystik und nicht abzustreitendem Charme. Damals regierte noch der Schah und überall herrschte Frieden und Ruhe. Sogar in Afghanisten war es relativ ruhig – dort, wo nun schon so lange schon blutige Stammeskriege dieses Land charakterisieren. Es gab einige denkwürdige Punkte auf unserer Route, in deren Athmosphäre sich eine erstaunliche Empfindung bemerkbar machte, so als ob wir ein verzaubertes Land in dem alles möglich war durchreisten. Bei einigen Menschen entdeckten wir eine einzigartige Anziehungskraft, die Erinnerungen an die Vergangenheit weckte. Und besonders in der Region von Teheran nach Mashad und dem mysteriösen Corasan, wo die Berge meist ganz kahl sind, tauchten Dörfer mitten aus dem Nichts auf, erbaut aus Lehmziegeln und Stroh.

Hier kam ich zuerst mit der islamischen Welt in Kontakt und ich nahm ihre Anziehung und unbestreitbaren Besonderheiten wahr. Bis dahin wusste ich nichts von dieser Welt und auch nichts vom Sufitum und den islamischen Mystikern, aber dort merkte ich, dass diese Menschen ihre Religion mit einzigartiger Begeisterung und Hingabe auslebten.

Als wir die Grenze zwischen Iran und Afghanistan erreichten, kam ein Sandsturm auf; starke Winde hoben den Sand in die Luft und verteilten ihn überall hin. Es lag eine besondere Stimmung in der Luft, und ich werde nie die langen Minuten vergessen, während wir auf Caesar warteten, der den Beamten unsere Visa zeigen musste.

Auf unserer Weiterfahrt passierten wir die bezaubernden Städte Herat und Kandahar, welche in die Vergangenheit zurückversetzt schienen, da dort nichts Modernes zu finden war. In Kabul verbrachten wir ebenfalls wegen der Visa drei Tage. So bekam ich die Gelegenheit, die Stadt genauer zu erforschen, diese gerechtigkeitssuchenden und kriegerischen Menschen. Viele der Männer liefen mit Gewehren, Dolchen oder Schwertern umher. Dennoch gefiel mir die Stadt sehr und ich denke noch gerne an dieses Land.

Den Kaiberpass bezwingend, an dem die Gefahr bestand, von Räuberbanden angegriffen zu werden, die einem alles abnahmen (und dies gab es damals wirklich), erreichten wir Pakistan, das noch vor dreissig Jahren ein Teil Indiens gewesen war. Und in der Tat, die Pakistani und die Inder gleichen sich im Allgemeinen, nur dass dieses geteilte Volk versuchte, ihre kleinen Unterschiede zu betonen. Wir legten einen Halt in Peshawar ein und kamen dann nach Lahore, die alte Hauptstadt des Punjab vor dessen Teilung. Hier unterbrachen wir die Reise abermals für drei Tage für die Visa. Während dieser Reise offenbarten wir Reisekumpane uns gegenseitig mehr und mehr bei verschiedenen Gelegenheiten und ich sprach von meinen spirituellen Interessen, philosophischen Überzeugungen und dem Zweck meines Trips. Den anderen waren derartige Dinge nicht so ganz fremd und, wenn wir bisweilen darüber redeten, enstand eine sehr intensive und kraftvolle Atmosphäre, die alle sehr genossen. So konnte ich sie mit der mir innewohnenden spirituellen Sehnsucht anstecken. Sie schätzten mich daraufhin sehr, zeigten fast schon Ehrfurcht und Respekt; wir mochten uns nun gegenseitig sehr, und ich empfand mich wie ihresgleichen.

Während der Fahrt wurde ich jedoch von der Furcht vor dem Unbekannten übermannt und manchmal so davon überrollt, dass ich auch bedrückt war. Aber immer stellte sich bald darauf ein anderes starkes Empfinden ein – eines grossen Wohlergehend und einer Ausdehnung des Bewusstseins, als ob mir etwas oder jemand sagen wollte „Hab keine Angst, du wird sehen, es wird fantastisch werden!"

In Lahore hatte ich noch eine andere wundervolle Erfahrung, die das Streben nach göttlicher Liebe in mir entfachte, ein grosses Heimweh für meinen Ursprung und eine starke Entschlossenheit, den Rest meines Lebens der spirituellen Suche zu widmen. Am letzten Nachmittag dort besichtigten wir das Rote Fort, welches, so glaube ich, die Residenz der Moghulherrscher gwesen ist. Es war an lieblicher Ort, sauber und schön, mit wundervollen Blumenbeeten in fabelhaften Mustern. Wir streiften überall bis zur Dämmerung umher und durch eine eigenartige Energie erhob sich solch ein Frieden und ein Sehnen nach etwas

Undefinierbaren; ich glaube, es war das Heimweh jener, die weit von ihrer wahren Heimat entfernt sind.

Ich hoffte und betete, dass mein Leben sich an diesem Zweck ausrichten würde. Seltsam, dass mir dies gerade in Lahore passierte, der Stadt, in welcher mein künftiger Satguru Kirpal viele Jahre lang gelebt hatte. Vielleicht wollte mir das Leben durch diese Erfahrung zeigen, wie tief die Verbindung zu Ihm war, da sich dies gerade in der Stadt ereignete, in der er viele Jahre seines Lebens verbracht hatte.

An einem der Tage, an denen wir auf die Visa warteten, besuchten wir auch das Stadtmuseum und dort traf ich einen Italiener aus Turin, der mich durch seine leuchtenden Augen anzog. Ich ging also zu ihm und stellte mich vor. Wir unterhielten uns ein wenig und es stellte sich heraus, dass er nach Indien wollte, wo er bereits sechs Monate gewesen war. Da sein Visum aber abgelaufen war, hatte er nach Afghanistan reisen müssen, um ein neues zu bekommen. Er wollte in den Norden, wo er wie er sagte, seine Freundin bei seinem Guru zurückgelassen hatte. Was mich betraf, so hatte ich ja schon anfangs erwähnt, wollte ich in den Süden nach Pondicherry, aber die Begegnung mit einem anderen Jungen aus Genua in Kabul veranlasste mich dazu, meine Absicht zu ändern. Er berichtete mir von einem Ashram in Hardwar, wo er untergekommen war und riet mir, dorthin zu gehen. Als mir nun Adrian, der Junge aus Turin, erzählte, dass sein Ziel Rishikesh sei und Hardwar auf dem Wege liege, nur zwanzig Kilometer entfernt, bot es sich an, ihn dorthin mitzunehmen. Ich fragte die anderen, ob er uns auf unserer Fahrt von Lahore nach Ludhiana (hundert Kilometer) begleiten könne und sie stimmten zu. Am nächsten Morgen brachen wir nach Indien auf. Die Grenze verläuft sich nur wenige Kilometer von Lahore und daher kamen wir nur in der Frühe an. Was für ein wunderbares Gefühl, an der Grenze angelangt zu sein! Ich meinte an einem Ort voller Schönheit und Liebreiz zu sein, dass es mich sprachlos werden liess. Es schien mir, als hätte ich mein Zuhaus erreicht, denn dieses Land so weit von meiner Heimat entfernt, war für mich überhaupt nicht fremd, sondern es *war* mein Zuhause, und um so vieles mehr. Ich war so glücklich!

Nach der Grenze kamen wir bald in Amritsar an, der heiligen Stadt der Sikhs, von deren Existenz ich bislang nichts geahnt hatte. Die anderen Mitglieder unserer Gruppe sagten, wir müssten unbedingt den Goldenen Tempel besichtigen, ein schöner und heiliger Ort für die Sikhs. Die ganze Stadt bestand aus einer einzigen Menschenmenge und durch die Hauptstrasse, die zum Tempel führt, ergoss sich eine lange Prozession. Jeder trug einen Eimer voll Schlamm auf seinem Kopf. An diesem Tag beging man gerade einen besonderen Sikh-Feiertag und es war so Brauch, den grossen See, der sich um den Tempel herum erstreckt, von Schlamm zu entfernen.

Wir erreichten den Tempel und wir erblickten etwas Unglaubliches! Dort befand sich eine grössere, nie gesehene Ansammlung von Menschen. Um den Tempel zu erreichen, der inmitten des Sees steht, gab es nur einen Weg, sowohl zum Betreten als auch für die Hinauskommenden. Wegen der grossen Menschenmenge ging es nur sehr langsam voran. Innen im Tempel spielte eine Gruppe von Sikhs auf indischen Instrumenten; einer Sitar, auf Tablas und auf dem Harmonium und dabei sangen sie hingebungsvolle Hymnen. Ihr Glaubenseifer war unglaublich! Ich wunderte mich, dass so etwas noch auf der Erde existierte. Auch diese Erfahrung beeindruckte mich sehr und entfachte eine Sehnsucht, die meine Entschlossenheit, das Göttliche zu suchen, noch mehr bestärkte.

Sofort fühlte ich mich mit dieser Religion sehr verbunden, obwohl sie mir bis zu diesem Zeitpunkt völlig unbekannt gewesen war. Mir war an einem Ort der Gottesverehrung so wohl wie nie zuvor und dies aus gutem Grund: bald würde ich meinen Guru kennen, der in diese religiöse Tradition hineingeboren war, und allmählich lernte ich die Lehre und die theologischen Feinheiten dieses Glaubenssystems kennen.

Am Abend fuhren wir in Ludhiana ein, der Stadt in welcher Adrian und ich den Rest der Gruppe verlassen und mit dem Zug weiter nach Hardwar fahren mussten. Es war nicht leicht, sich von diesen Menschen zu verabschieden, mit denen ich diese fantastische Reise gemacht hatte. Auch sie waren traurig und verbargen dies nicht. Ich fragte, wie hoch denn mein Reisekostenanteil wäre, aber sofort antworteten sie, dass sie nichts von mir haben wollten. Ich hatte aber einige Dollars dafür zur Seite gelegt und als ich darauf bestand, akzeptierten sie das Geld.

Adrian und ich bestiegen den Zug nach Hardwar und bezogen einen Wagen dritter Klasse, wo wir dann auch bald einschliefen.

DER WEG ZUR ERLEUCHTUNG

Als wir in der Morgendämmerung aufwachten konnten wir schon die Silhouette des Himalaya am Horizont erkennen. Hardwar liegt so wie Rishikesh – und sogar noch näher- zu Füssen dieser enormen Bergkette und beide Städte befinden sich am mächtigen Ganges.

Der Geschmack und der berauschende Duft Indiens drangen in meine Seele ein und hielten mich wie in ihren Armen als Opfer dieser grossen Liebe viele Jahre lang gefangen, welche mich mehrfach in dieses Land zurückzog.

Als der Zug an einem Bahnhof hielt, stieg Adrian aus, um etwas zu essen zu holen. Kurz darauf kam er mit einem Teller mit Gemüse auf einem Blatt und mit ein paar Chapatis wieder (indisches Brot). Wie sehr liebte ich die Einfachheit und ass diese Speisen, die zudem so köstlich mundeten! Bald erreichten wir Hardwar und Adriano setzte die Reise nach Rishikesh fort. Ich hatte mich entschieden, den Ashram aufzusuchen, von dem mir der Junge aus Genua in Kabul berichtet hatte. Bevor ich ausstieg, gab mir Adriano seine Adresse und sprach: „Wenn du dich dort nicht wohlfühlst, dann komme mich besuchen."

Der Ashram zu dem ich ging, gehörte einem gewissen Guru Maharaj (dessen richtigen Namen, Prem Ravat, keiner kennt). Er war ein Junge von vierzehn Jahren, von dem ich einmal etwas in Italien gehört hatte und so war ich darauf gespannt, ihm zu begegnen. Dort im Büro wurde ich empfangen und gefragt, was ich wünsche. Ich antwortete, dass ich gerne ihren Lehrer treffen und dortbleiben wolle (ich weiss nicht so recht, wie mich verständlich machen konnte, denn mein Englisch war gleich Null). Man sagte mir, dass ihr Meister in Amerika sei und fragte, wie ich denn bleiben wolle, wenn ich kein Englisch spräche. Ich sagte eine Weile lang gar nichts, um zu überlegen, ob ich auf meinem Anliegen bestehen solle oder nicht, und in meinem Innern fühlte ich, dass dass ich am Besten die Situation akzeptieren sollte, dass dies nicht mein Platz war und so ging ich , wieder. Am Tor standen zwei Leute, die mich fragten, wohin ich wolle; ich antwortete, dass mein Ziel Rishikesh sei. Sie baten mich, mit ihnen eine Weile zu meditieren und dabei bekam ich einen Kontakt mit einer grossen Energie, obwohl dies in jenen Tagen schon fast normal geworden war. Seitdem ich Indien betreten hatte, war ich ständig von einer starken magnetischen Energie umgeben – ich wusste nicht, was das war, aber sie begleitete mich überall hin.

Daraufhin ging ich zum Bahnhof und bemerkte überall eine Schar von Wandermönchen, die orangefarben gekleidet waren; solche mit geschorenen

Köpfen und ohne Bart, andere mit dichtem aufgetürmtem Haarkleid und mit Bärten. Ich war von diesen Menschen so fasziniert, denn sie erinnerten mich an die buddhistischen Mönche, über die ich in verschiedenen Büchern gelesen hatte. Sie waren jedoch hinduistische Swamis und Sadhus, welche dort zu Hunderten, vielleicht auch zu Tausenden lebten, denn Rishikesh und Hardwar sind zwei bedeutende Pilgerorte des Hinduismus und viele Menschen haben sich diese Städte als Wohnort ausgesucht. Viele dieser Sadhus leben in Höhlen oder Hütten aus einfachen Baumstämmen und Zweigen, viele wandern auch fortwährend umher. In Hardwar findet alle zwölf Jahre die Kumbh Mela statt, eine der bekanntesten und meistbesuchten religiösen Veranstaltungen von ganz Indien, wenn nicht gar auf der ganzen Welt.

Nach ein paar Minuten näherte sich ein älterer Mann mit weissem Bart und langem Haar und setzte sich neben mich. Er trug normale Kleidung, denn er war kein Mönch. Er fragte mich verschiedenes über meine Ziel und dem Grund für meinen Besuch in Indien. Ich antwortete so gut ich konnte und irgendwie verständigten wir uns. Als der Zug wieder anhielt, forderte er mich auf, ihm zu folgen. Wir kamen durch einen anderen Waggon bis wir ein Abteil erreichten, in dem drei amerikanische Mädchen sassen, nur wenig älter als ich. Er lud mich ein, mich dazuzusetzen und ich war einverstanden. Sie sprachen die ganze Zeit, aber worüber weiss ich nicht, aber als wir in Rishikesh ankamen, stiegen sie aus und sie baten mich, sie zu begleiten. Der alte Mann führte die drei Mädchen und mich zu seinem Haus und bewirtete uns ein wenig. Danach bat er die Mädchen, mich mitzunehmen. Ich lehnte das nicht ab und folgte ihnen überall hin. Wir gingen auf der Hauptstrasse und kamen dann in einem Vorort, wo viele Sadhus in ihren Hütten lebten. Während wir auf einem Pfad zwischen den Hütten hindurchgingen, bedeuteten mir einige Sadhus bei ihnen zu bleiben, während die Mädchen sich unbehelligt fortbewegten. Ich bemerkte, dass einige dieser Sadhus höchst seltsame und bizarre Gestalten waren. Ein paar sahen wild, andere ruhig und ernst aus. Ich dachte damals, sie wären alle grosse Ergebene und spirituell hoch entwickelt; ich war so beeindruckt und ausser mir vor Freude. Welch eine seltsame und unvorstellbare Welt breitete sich vor mir aus! Nun, aber bald erkannte ich, dass dem nicht so war und, dass wie man sagt „nicht alles Gold ist, was glänzt", aber an diesem Abend war es gerade das für mich.

Die Mädchen gingen etwas weiter und betraten einen Ashram, der gut geführt wurde und sprachen mit dem Swami dort und sagten ihm, ich würde dort bleiben. Ich verabschiedete mich und sie verschwanden aus meiner Sichtweite auf dem Weg von dem sie gekommen waren. Niemals wieder begegnete ich dem Mann aus dem Zug noch den amerikanischen Mädchen.

Die Wege des Herrn sind seltsam, seltsam ist das Leben, aber wenn die Zeit des Erwachens und der Transformation naht, geschehen merkwürdige Dinge und auf mannigfalige Weise wird uns gezeigt, dass man ein seltenes Land betritt, in dem das Wort unmöglich unvorstellbar ist. In den folgenden Tagen erkannte ich in der Tat, dass der Ort, an den mich die Vorsehung gebracht hatte, einer der besten und verlässlichsten in ganz Rishikesh war. Darüber hinaus waren hier die Menschen, die es mir ermöglichen würden, meiner Begegnung mit dem Grossen Meister näher zu kommen.

In dieser ersten Nacht in Rishikesh war ich ausser mir vor Freude. Ich fühlte mich wie der glücklichste Menschen auf dieser Erde. Ich empfing eine so intensive Energie, dass sie mich nicht schlafen liess. Als ich meine Augen schloss, sah ich in meinem inneren Raum Lichtblitze wie bei einem Gewitter und das hielt mich wach.

Am nächsten Tag erfuhr ich, dass eine italienische Frau mit ihren drei Kindern auch an diesem Ort lebte und ich wollte mich mit ihr unterhalten. Wir sprachen lange und es stellte sich heraus, dass sie schon einige Jahre in Indien waren und eineinhalb Jahre im Ashram Shri Aurobindos in Pondicherry gelebt hatten, den ich eigentlich zuerst besuchen wollte. Sie berichtete mir einiges über die Entwicklung dieses Ortes und ich erfuhr, dass nach Shri Aurobindos Tod seine Arbeit von einer Französin fortgesetzt wurde, die obgleich sehr alt (94 Jahre) noch lebte. Die Italienerin, die mir das erzählte, war aus dem Ashram weggezogen, weil sie und ihre Familie mit den organisatorischen Zuständen dort unzufrieden waren, nicht mit der Lehrerin (deren Name "Mutter" oder „La Mere" war). Sie sagte mir auch, dass sie Adriano kennen würde (derjenige, mit dem ich die Zugreise gemacht hatte) und dass wir ihn besuchen könnten, wenn ich wolle. Und so beschlossen wir ihn zwei Tage später aufzusuchen.

In der Zwischenzeit machte ich mich mit der Umgebung, in der ich nun lebte näher vertraut, indem ich die verschiedenen Sadhus beobachtete. Ein Sadhu ist in Indien typischerweise jemand, der sich von der Welt zurückzieht, oft mit einem Tuch bekleidet ist, das um die Hüfte geschlungen wird, genannt Dhoti – oder bisweilen auch völlig nackt einhergeht. Sie wandern mit ziemlich vagen Vorstellungen von Spiritualität herum, mal hier, mal da, in ganz Indien und besuchen die achtundsechzig Pilgerorte. Überall begegnete man ihnen und ich merkte, dass nur einige wenige sehr freundliche Menschen in spiritueller

Hinsicht waren. Ich stellte fest, dass viele von ihnen überhaupt nicht meditierten, sondern nur verschiedene Rauschmittel rauchten. Dadurch entstand in mir ein grosser Zweifel und ich begann mich zu fragen, ob da, was ich suchte, wirklich existierte. Viele dieser Sadhus waren auf der Jagd nach westlichen Schülern, um ihnen das Geld aus der Tasche zu ziehen und sie als Diener zu halten. Aber unter den vielen gab es auch ein paar mit grossartigem Charakter und grosser Anziehungskraft. Der Mönch (Swami), dem der Ashram gehörte, in dem ich lebte, war ein guter Mensch und ich führte ein Gespräch mit ihm. Ich bemerkte, dass er ehrlich war und keinen Vorteil aus den Besuchern zog, denn das Geld um das er bat, damit ich dort wohnen und die Annehmlichkeiten geniessen konnte, betrug nur zwei Rupien pro Tag.

Ich ging hierhin und dorthin, stellte fest, dass es viele Westler aus verschiedenen Ländern gab und freundete mich mit einigen an. Ich nahm auch ein Bad im Ganges, der von dort nur zweihundert Meter entfernt war und dessen Wasser in Rishikesh klar genug ist, dass man es trinken kann und ich genoss die Atmosphäre dieses Ortes. Es war Anfang April und die Luft war voller Frülingsduft; die üppige Natur dort und alles Drum und Dran war höchst angenehm.

Nach den versprochenen zwei Tagen besuchten wir Adriano, der am anderen Flussufer wohnte, den wir mit einem Boot überqueren mussten. Als wir die Anlegestelle erreichten, sah ich Adriano bereits vom anderen Ufer in Begleitung einer anderen Person auf uns zukommen. Die Dame, die mich begleitete sagte, dies sei Adrianos Guru. Adriano stieg aus, begrüsste mich eilig noch im Weggehen samt Guru aber teilte mir mit, dass er bald zurückkehren würde. Wir erreichten bald darauf den Ashram in dem sie lebten (ein indischer Ashram ist ein spirituelles Zentrum gleich welcher Grösse) und trafen dort auf Adrianos Freundin, die in einem einzigartigen inneren Zustand zu sein schien, denn sie vermittelte den unechten Eindruck übermässig zufrieden und glücklich zu sein. Ich schaute mir dann das Gelände an, welches aus ein paar kleinen Zimmern bestand, wobei eines davon als Platz für den Gottesdienst diente. Als Adriano zurückkam fragte er mich, wie es denn in Hardwar gewesen sei und ich antwortete, dass ich von dort weggegangen sei, da es nicht der richtige Ort für mich sei. Daraufhin sprach Adriano: „Sei nicht erstaunt, Indien ist ein seltsames Land und man muss hier mit allem rechnen." Ich bemerkte, dass er nicht sehr gerade fröhlich war, fragte ihn aber nicht weshalb. Ich beobachtete ihren Guru, der auch mich anschaute, aber ich fand nichts Anziehendes an ihm und so brachen wir nach eine halben Stunde wieder auf. Die Italienierin – ich habe ihren

Namen vergessen – erklärte mir, dass sich Adriano in grosser Qual befinde, denn seine Freundin habe sich in den Guru verliebt und diese lebten wie Mann und Frau zusammen und sie wollte nicht wieder fort von dort. Adriano wollte sie dort wegbringen, aber es gelang ihm nicht. Jetzt verstand ich, was er mit jenem Satz gemeint hatte, dass man darauf achten müsse, nicht einem unvollkommenen Menschen sein Leben und seinen Glauben zu schenken und so in Schwierigkeiten zu geraten.

Bevor wir zum Boot zurückkehrten, um wieder überzusetzen, hielten wir vor einem Restaurant und dort erblickte ich einen Jungen, der mich anschaute. Wir gingen hinein, um uns etwas zu Trinken kommen zu lassen und als wir fertig waren, fragte mich der Junge, der immer noch dort ausharrte, woher ich denn komme. Ich antwortete ich sei ein Italiener aus Mailand. Ich bin auch aus Mailand entgegnete er", und was machst du hier in Indien?" Ich antwortete, dass ich gekommen sei, in der Hoffnung einen spirituellen Lehrer zu finden. „Du suchst einen Meister? Willst du das wirklich?" fragte er dann. Ich versicherte ihm, das dies mein Lebensziel sei. Er entgegnete „ Schau, in Indien gibt es so viele sogenannte Lehrer, aber es ist schwer eine wahren vollkommenen Meister oder Satguru zu finden. Ich kenne solch einen, wenn du mehr erfahren willst komm mit mir, und ich gebe dir etwas von ihm zu lesen." Ich verabschiedene mich von der Frau und ihren Kindern und folgte dem Jungen. Er lebte im Ashram, der von Swami Sivananda gegründet worden war und führte mich zu seinem Zimmer. Er gab mir dann drei Hefte, die sein Meister verfasst hatte und sagte: „Lies das und wenn du meinst, dass Seine Lehre etwas für dich ist, gebe ich dir die Adresse, damit du ihn besuchen kannst."

Die Titel der drei Hefte lauteten: Mensch erkenne dich selbst, Sieben Wege zur Vollkommenheit und Christuskraft,Meisterkraft, Gotteskraft. Ich schlug eines auf und erblickte ein Foto des Meisters, der Sant Kirpal Singh hiess. Es war das Bild eines kräftigen Mannes, ungefähr sechzig Jahre alt, mit einem langen buschigen weissen Bart, einem grossen Gesicht und mit einem weissen Turban. Ich fand er sah wie Moses aus und begann über seine Lehren nachzulesen. Als ich so las, sammelte sich meine Aufmerksamkeit und ich vergass alles um mich herum, sogar meinen eigenen Körper. Ich sagte das Roberto , so hiess der Junge, aber er meinte, ich solle darauf nicht achten und weiterlesen. Ich glaube, ich las eines der Hefte durch, welches weiss ich nicht mehr und dann fragte er mich, ob ich mir vorstellen könne, diesen Lehren zu folgen. Ich bejahte das worauf er sehr überrascht war. Er sprach: „Bist du bereit ganz vegetarisch, auch ohne Eier zu leben, ein ethisches Leben zu führen, voller Ehrlichkeit, auf moralische und keusche Art und Weise?" Ich antwortete: „In diesen Lehren finde ich nichts Neues, es ist das, was alle grossen Meister wie Christus und Buddha von ihren Schűlern forderten und es ist das, worum ich mich nun seit einem Jahr beműhe." Er fand das unglaublich: „Merkwűrdig, noch ein Italiener, der ernsthaft die Wahrheit sucht !"

Er erzählte, dass er zu seinem Meister zurűckkehren werde, der in Dera Dhun eines Ashram habe, was ungefähr dreissig Kilometer entfernt sei. Er war schon bei ihm gewesen, aber nach ein paar Tagen war der Meister in seinen Ashram in Delhi gefahren und ihm zum Abschied aufgetragen: „Mach einen schönen Ausflug und komme in einer Woche wieder hierher." So war er nach Rishikesh gefahren, weil ihn diese Stadt interessiert hatte und wollte nun wieder zurűck nach Dera Dhun. Wäre er woanders hingefahren, hätte ich vielleicht nie vom Meister erfahren, aber der Meister hatte ihn dazu inspiriert Rishikesh aufzusuchen, um mir am allerletzten Tag noch seine Adresse mitzuteilen. Er sagte mir weiter, dass er mich nicht mitnehmen wolle, da es nicht einfach sei, die Erlaubnis zu bekommen, im Ashram zu wohnen, was aber auf ihn ja auch gar nicht zutraf, aber er liess sich nicht umstimmen. Wenn ich dorthin wolle, műsse ich das allein am folgenden Tage tun. Er gab mir die Adresse und ich schrieb mir einen englischen Satz auf, den ich auswendig lernen und aufsagen sollte, wenn ich den Ort erreichte: „Ich habe die Schriften des Meisters gelesen und ich möchte gerne hier bleiben und von ihm eingeweiht werden" und noch anderes, was ich vergessen habe.

Bevor wir uns verabschiedeten, berichtete er mir, dass er vor wenigen Tagen einen Yogi, der in einer Hőhle hinter Rishikesh lebte, besucht habe. Dieser sei eine interessante Persönlichkeit und wenn ich wolle, kőnnte er mich morgen vor seiner Abreise noch dahin begleiten. Ich stimmte zu, denn aus seiner Beschreibung schloss ich, dass es ein ganz besonderer Yogi sein műsse, über den ich schon in einer italienischen Zeitschrift einen Artikel gelesen hatte. Am nächsten Morgen trafen wir uns am Landesteg, durchquerten dann ein Gebiet voll von Tempeln und Ashrams und setzten unsere Wanderung auf einem Bergpfad fort, bis wir an ein Schild mit der Aufschrift „Tatwala Baba" (dem Namen des Yogi) kamen. Nach einem Aufstieg von ein paar hundert Metern fanden wir uns in einer geräumigen Hőhle wieder, in der gerade eine Versammlung stattfand. Der Yogi sass auf einem Stein vor fűnfzehn Leuten, die ihn ansahen und mit ihm sprachen. Er war bis auf ein Lendentuch ganz nackt und hatte einen starken Kőrberbau und kräftiges Haar, das im Sitzen den Boden berűhrte und noch einen weiteren halben Meter lang war. Als er uns wahrnahm, fragte er, was wir denn wűnschten und ich fragte ihn, welche Art von Meditation er lehre. Er antwortete, dass wir nach dem Ende der Versammlung darűber sprechen kőnnten. Es dauerte nicht lange und bald darauf wurden wir gebeten, auf einer Seite der Hőhle Platz zu nehmen und uns in einer Reihe auf den Boden zu setzen, denn wir seien zu einer Mahlzeit eingeladen. Man gab uns grosse Blechteller, auf die sie Kichererbsen, Chapatis und Halwa austeilten (eine hervorragende indische Sűssigkeit aus Gries. Wie ich so dasass, fűhlte ich sowohl vor als auch während des Essens eine gewaltige Energie im Kreuz und im Nacken, weitaus stärker, als ich es jemals zuvor erfahren hatte. Es war wie elektrischer Strom der mich űberall einhűllte, aber an diesen beiden Stellen noch konzentrierter war. Es war eine sehr starke, aber nicht eine sehr angenehme Energie, sondern in gewisser Weise rauh und hart. Ich fűhlte mich davon sehr bedrängt und erreichte keinen stabilen , ruhigen Geműtszustand erreichen, wie es einige Tage später zu Fűssen eines anderen der Fall sein sollte. Ich glaubte, sie praktizierten Kundalini Yoga, mit dem versucht wird, die verborgene Energie am Ende der Wirbelsäule zu erwecken. Wenn dies geschieht, steigt sie durch die sechs Energiezentren (Ckakras), die vor der Wirbelsäule liegen. Dann erreicht sie das siebente Chakra, Sahasrara genannt, oben im Kopf, welche mit der Zirbeldrűse oder Epiphyse verbunden ist – dann tritt man in einen transzendentalen Bewusstseinszustand der Ekstase oder Samadhi in Sankrit ein. Aber dieser Weg ist voller Gefahren und die Heiligen der hőchsten Ordnung empfehlen dies nicht. Sie lehren, dass es weit besser sei, die Aufmerksamkeit im dritten Auge in der Mitte der Stirn zu sammeln, statt Energie vom Beginn der ganzen Wegstrecke aufzunehmen. So ist es mőglich die alles durchdringende Gotteskraft zu kontaktieren, die von oben herab kommt und nicht vom Boden aus aufsteigt. Dieser besondere Unterschied mag unbedeutend erscheinen, aber er ist grundlegend und von vitaler Bedeutung, wie ich später noch im Einzelnen erklären werde. Jedenfalls habe ich die Vorgänge damals dort so gedeutet, denn ich konnte wegen der Sprache nicht von Tatwala Baba erfahren, welche Art von Mediation er lehrte.

Nach dem Essen nahmen wir wieder unsere frűheren Plätze ein. Die meisten Besucher waren schon gegangen und so blieben Roberto, ich und seine Schűler zurűck. Der Yogi setzte sich wieder auf seinen Felssitz vor uns denn während des Essens hatte er sich zurűckgezogen, schaute uns an und meinte, wie kőnnten nun gehen. Ich erinnerte ihn daran, was er zuvor gesagt hatte und er erwiderte: „Nun, wenn du das Mantra haben willst, gebe ich es dir fűr 200 Rupien. Ich war űberrascht, es war eine ganz ordentliche Summe, mit der man damals in Indien mehr als einen Monat lang auskommen konnte. Kurz darüber nachdenkend meinte ich, mir das überlegen und eventuell wieder kommen zu wollen.

Wir gingen und sobald wir eine ausreichende Distanz zurückgelegt hatten, konnte Roberto nicht länger an sich halten und sprach: „Das kann niemals ein vollkommener Meister sein denn wahre Meister bitten bei der Einweihung nicht um Geld, die wie ein Geschenk der Natur gegeben wird; wenn du einem wahren Meister begegnen willst, dass begegne Kirpal Singh.

Roberto brach an diesem Nachmittag auf – ich begleitete ihn zur Bushaltestelle nach Dera Dhun – aber bevor er einstieg, zeigte er mir, wo ich den Fahrschein würde lösen müssen. Abends teilte ich dem Swami, bei dem ich untergekommen war mit, dass ich morgen abreisen und die Rechnung bezahlen wolle. Er fragte mich, welches denn mein Ziel sei und ich sagte ihm, dass ich die Adresse eines Meisters bekommen habe und ihn besuchen wolle. „Wie heisst dieser Meister?", fragte er. „Kirpal Singh," erwiderte ich. „Oh" sprach er, „Kirpal Singh ist ein grosser Meister, dessen sei versichert." Dieser Kommentar bestärkte mein Selbstvertrauen sehr, obwohl ich inzwischen gelernt hatte, vorsichtig zu sein.

BEGEGNUNG MIT DEM MEISTER

Am nächsten Morgen verabschiedete ich mich vom Swami, der Frau aus Turin mit ihren Kindern und ging zur Bushaltestelle. Ich reihte mich in die Schlange ein, um die Fahrkarte zu kaufen, aber als ich an der Reihe war, schloss der Verkäufer die Klappe und sagte „Keine Fahrkarten mehr!" Ich war ganz durcheinander und wusste nicht, was ich tun sollte, aber jemand sagte mir, ich könne doch ein Sammeltaxi nehmen, welches dort wartete, bis es voll war. Ich schloss mich der kleinen Gruppe im Taxi an und nach einer kleinen Weile fuhr es los. Wir erreichten Dera Dhun in der Dunkelheit und so fragte ich den Taxifahrer, wo ich den Bus nah Subash Nagar nehmen könne (der Ort, in dem sich der Ashram Sant Kirpal Singhs befand) und er wies auf eine nahegelegene Stelle. Ich ging dorthin, wartete und fragte dann einen Herrn, der dort stand, ob dies die Haltestelle nach Subash Nagar sei. Er nickte und sprach: „Mach dir keine Sorgen, ich sage dir, wann du aussteigen musst."

Währen ich auf den Bus wartete, begann ich sowohl innerlich wie äusserlich ein erhebendes Gefühl zu empfinden.Es war eine Präsenz, die mich in einen erhabenen Bewusstseinszustand brachte, etwas ganz Besonderes. Obwohl ich noch zehn Kilometer vom Ashram entfernt war, machte sich die Meisterkraft deutlich bemerkbar. Nie zuvor hatte ich mich so wohl gefühlt, es war ein grossartiges Gefühl der Leichtigkeit und Tiefe, beides zugleich, eine einzigatige Ganzheit und Sicherheit. Ich betrachtete das nicht mit meinem Verstand und analysierte es nicht; ich erlebte es einfach. Der Bus kam, ich bestieg ihn und je mehr Zeit verstrich, desto mehr verstärkte sich dieses innere Empfinden von Ganzheit. Mir war als wäre ich von etwas eingehüllt, von einer grossen Tiefe, einer ausserordentlichen Klarheit, Erhabenheit und Kraft. Ich hatte oftmals die Zeilen, die mir Roberto diktiert hatte und welche ich aufsagen sollte, wenn ich den Ashram erreichte, durchgelesen, aber ich konnte sie nicht auswendig lernen, doch plötzlich erschienen mir diese Worte wie in mein Gemüt einmeisselt und ich merkte wie sie mir mit überraschender Klarheit auf der Zunge lagen.

Als es soweit war, forderte mich der Mann mit dem ich reiste auf, beim nächsten Halt auszusteigen. Das Gefühl nach dem Verlassen des Busses war so intensiv, dass es schwer zu beschreiben ist. Ich schaute umher und sah den ganzen Ort von einem grossen Lichtbogen umgeben. Ich war so überwältigt, dass ich nicht wusste, ob ich noch auf Erden weilte, oder auf einem anderen Planeten. Eine Gruppe älterer Leute kam vorbei und ich fragte sie nach dem Manav Kendra (Menschwerdungszentrum, der Name des Ashrams von Kirpal Singh). Mit entwaffnender Wärme und Freundlichkeit bedeuteten sie mir zu folgen und brachte mich bis zehn Meter vor das Eingangstor. Inzwischen schien es mir, als hätte ich die Pforten des Paradieses erreicht. Eine Gruppe Menschen sass in der Nähe des Eingangs in einem Kreis auf dem Gras, man nickte mir zu, weiterzugehen und sie muteten an wie die Wächter des Himmels. Ich näherte mich ihnen und nach vielleicht zehn Metern sass in geringer Entfernung von mir auf der linken Seite auf einer Hausterrasse auf einem Stuhl der Meister Selbst. Keiner musste mir sagen, dass er der Meister war, und selbst wenn es jemand bestritten hätte, hätte ich das nicht glauben können. Er befand sich in Meditation und ich nahm wahr, dass er von einem wunderschönen Halo aus Licht umgeben war – kein blendendes Licht, sondern eines voller erstaunlicher Sanftheit und Anziehungskraft. Als ich ihn sah, hattte ich zwei Gedanken – und glaubt mir, auf diese Weise war ich nicht gewohnt zu denken. Der erste war: „Wenn es wahr ist, dass sich Gottes auf der Erde als Mensch verkörpert, dann ist dieser Mann wirklich Gott auf Erden", und als zweites: „Nun ich meine Suche vorbei – das ist absolut sicher."

Dies denkend näherte ich mich dem Zauntor, der die Terrasse umgab und ein Mann, der auf den Stufen in der Nähe des Meisters sass, kam auf mich zu. Dieser (Avatar Singh Oberoi) fragte mich was ich wünsche und ich antwortete: „ Ich habe die Schriften des Meisters gelesen und möchte hierbleiben und von Ihm eingeweiht werden." Als ob ich um die Unmöglichste Sache der Welt gebeten hätte, schüttelte er heftig den Kopf und sprach:" Oh nein, hier kannst du nicht bleiben, das ist nicht möglich!" Er ging zum Meister, aber der schaute mich nicht einmal an; die Geste Seiner Hand war offensichtlicher als Worte: „Schick ihn fort!"

Ich fühlte mich ungerecht verdammt; wenn ich von Ihm getötet worden wäre, hätte mein Schmerz nicht grösser sein können. Der Mann kam zurück und sagte mir „Siehst du, was habe ich gesagt?" Ich war so erstarrt, wie es kein Schlag auf den Kopf vermocht hätte. Mir war, als hätte ich mich mit den Füssen vom Boden gelöst und befände mich mitten in der Luft. Ich bewegte mich wie ein Roboter und wusste nicht wohin ich mich wenden sollte. Es hätte nahe gelegen, auf der Strasse, auf der ich gekommen war, zurück zu gehen, aber nein, ich schlug die entgegengesetzte Richtung ein. Ich ging um einen grossen See vor dem Haus des Meisters und nach einer Weile fand ich mich vor einem anderen Eingangstor wieder. Voller Unglauben stand ich davor; ich wusste nicht, was ich denken sollte, wie das, was sich ereignet hatte, zu deuten war. Wie war es nur möglich? Innerlich solch ein Erhabensein, eine solche Klarheit und Sicherheit – und doch im Äusseren so eine trockene Abfuhr. Was sollte ich nur tun, wohin sollte ich mich wenden? Es war mir als hätte mein Leben allen Sinn verloren und mir machte es nichts mehr aus, ob ich leben oder sterben würde. Ausserdem war es bereits spät und sehr dunkel; ich wusste nicht, ob der Bus in Richtung Stadt noch fuhr (Subash Nagar befand sich auf dem flachen Lande, in einiger Entfernung von Dera Dhun).

Es vergingen einige Minuten und plötzlich kam ein junger Inder und sagte mir: „Was macht du hier, komm doch rein!" In diesem Augenblick durchfuhr mich der Gedanke, es könne sich um einen Test handeln um zu sehen, wie ernst ich es meine. Ich nahm all meinen Mut zusammen und folgte dem Rat des Jungen (er hatte offenbar nicht gesehen, wie mich der Meister hinausgewiesen hatte); ich ging zu einem nahegelegenen Haus (dem Ashrambüro) und trat ein. Im Hintergrund wandten sich mir fünf oder sechs Menschen, die um einen Tisch herum sassen zu und fragten mich was ich wünsche. Ich wiederholte die gleichen bekannten Sätze wie vorhin und sie antworteten: „Dies ist kein Platz für dich, du bist ein Hippie (zu dieser Zeit war ich langhaarig, keinen Bart und war wie ein indischer Sadhu mit Dhoti und langem Hemd gekleidet); besser du gehst zurück in die Stadt." Nun, inzwischen war ich absolut entschlossen dazubleiben, komme was wolle, stand da und dachte: wenn ihr mich loswerden wollte, müsst ihr mich schon mit Gewalt hinauswerfen. Sie unterhielten sich miteinander und als sie sich mir wieder zuwandten, bemerkten sie, dass ich noch regungslos am gleichen Platz stand. Sie nickten mir zu, ich solle gehen, aber ich machte deutlich, dass dies nicht meine Absicht war. Nun waren sie recht verlegen. Um die Situation zu lösen intervenierte nun abermals die unsichtbare Kraft, allwissend und allmächtig.

Es kam eine Frau hinzu, welche mich fragte wer ich sei und woher ich käme. Ich antwortete, ich sei Italiener und sie antwortete mit Freude, dass sie ein wenig Italienisch spreche. Sie fragte weiter, wie ich vom Meister erfahren habe und das beantwortend stellte ich auch fest, dass ich hierbleiben und vom Meister eingeweiht werden wolle. Sie brachte ihre Zweifel darüber zum Ausdruck, da der Meister in diesen Tagen sehr beschäftigt sei, denn der Gouverneur von Uttar Pradesh (der Landesteil, in dem der Ashram lag) wurde erwartet und alles musste vorbereitet werden. Aber sie fügte hinzu: „Komme morgen wieder, dann kannst du direkt mit dem Meister sprechen und hören, was Er dazu sagt. Jetzt gehe aber nach Dera Dhun, der Bus fährt noch, übernachte in einem Hotel und komme morgen wieder." Die Idee sagte mir zu, es war das einzig sinnvolle für den Augenblick und so, mich vor ihr verbeugend und dankend, ging ich zum Ausgang. Aber nach ein paar Schritten hörte ich sie hinterherrufen: „Heh, ich glaube es ist besser, du lässt dir die Haare schneiden und dich etwas besser kleiden, das wird die Dinge vereinfachen." Ich sagt nichts dazu aber dachte, „Nie und nimmer, unter keinen Umständen."

Ich nahm also den Bus zurück in die Stadt, wo ich ein Zimmer in einem sehr einfachen Hotel fand (für mich mit einem krankmachenden, schwächlichen Luxus) und übernachtete dort. Aber ich konnte keinen Frieden finden – das Satz „Schneide dein Haar und zieh dich besser an", wollte mich nicht loslassen. Wieder überlegte ich, „Bist du mehr an seinem Aussehen, deinen langen Haaren interessiert oder daran, Gott zu finden?" Als ich am nächsten Morgen erwachte, beschloss ich, dass ich mir bei einem Friseur die Haare schneiden lassen würde. Ich zog westliche Kleidung an und nahm danach den Bus zurück zum Ashram.

Nach meiner Ankunft ging ich zum Bürogebäude und fand dort die gleichen Leute vor wie am Abend zuvor. Sie waren wieder recht unhöflich und bedeuteten mir, zu gehen. Aber das machte mir nichts aus, sondern ich wartete einfach wie bestellt und nicht abgeholt. Dann kam ein Mann zu mir und sagte: „Hier wird nichts weiter passieren, du solltest besser zum Haus des Meisters gehen, denn binnen Kurzem wird er Darshan geben (dem Meister von Angesicht zu Angesicht gegenüberzustehen und in Seine Augen zu schauen) und dann kannst du vielleicht mit Ihm reden."

Ich ging zum Haus des Meisters und bemerkte einen Mann, der auf der Terrasse sass (Harcharan Singh). Er fragte mich „was brauchst du?", und ich antwortete, dass ich den Meister sprechen wolle und in seiner grossen Güte (er war der erste, der an diesem Ort freundlich zu mir war), sagte er: „Nimm hier Platz und warte". Ich setzte mich neben ihn und bemerkte, dass er sehr ruhig war und einen süssen Frieden verbreitete, während ich mich in einem Zustand innerer Aufregung befand, dass ich keinen Frieden finden konnte. Ich hatte solche Angst, dass Er mich wieder abweisen würde! Nach kurzer Zeit kamen auch ein paar erstliche Ashrambewohner und unter ihnen Roberto, der Junge aus Rishikesh. Als er mich wahrnahm, zögerte er zuerst, aber dann erkannte er mich und sagte: „Oh, du bist angekommen!" und fügte hinzu, „gut, dass du dein langes Haar hast abschneiden lassen, alles wird leichter sein." (Anmerkung: in jeden Tagen hielt man in Indien jeden mit langem Haar für einen Hippie, jemanden der Rauschgift nimmt, ohne Moral und unehrlich ist etc. Die öffentliche Meinung war gegen diese Leute sehr voreingenommen und man war durch ihre Gegenwart irritiert.) „Jetzt sitzen alle in Meditation; schliess dich an und warte. Bald wird der Meister kommen; schau in Seine Augen, das ist alles, was du zu tun brauchst, wenn Er kommt."

Ich versuchte zu meditieren und mich zu entspannen, aber es gelang mir nicht. Ich sass auf einer Matte, ungefähr drei Meter vom Stuhl entfernt, der für den Meister gedacht war. Nach ungefähr einer halben Stunde, bemerkte ich rechter Hand eine Treppe, die zur Dachterrasse führte (in Indien haben die Dächer kein Schrägdach, nur in Gegenden wo es schneit). Auf einmal kam der Meister die Treppe hinunter und da ich am Boden sass, erschien Er mir noch gewaltiger als Er schon in Wirklichkeit war. Es war nicht so wie am Abend zuvor, an welchem er mir überhaupt ncht wie ein menschliches Wesen erschien, sondern eher wie eine Vision Gottes. Jetzt war er ein Mensch, aber was für ein bemerkenswerter Mensch! Er sah aus wie ein Riese. Er kam die Stufen hinunter und ging an uns vorbei, so majestätisch, so königlich; ich glaube, kein Kaiser konnte davon auch nur Träumen. Ich fragte mich: „Wie kann es nur einen solchen Menschen auf dieser Erde geben?"

Er setzte sich vorn vor uns hin und nun konzentrierte ich mich auf seine Augen – was für unglaubliche Augen! Es schien mir, als seien sie gar keine Augen, sondern eher zwei Diamanten leuchtend vor Licht. Sie waren nicht aus Fleisch und Blut, sondern Juwelen. Als ich an die Reihe kam und er mich ansah, hatte ich dass Gefühl als wären seine Augen Laserstrahlen, die mich von Kopf bis Fuss durchströmten. Auf einmal war der Bann gebrochen und Er fragte mich unerwartet und ernst:" Wer bist Du?" Derjenige, der am letzten Abend bei Ihm auf der Veranda gesessen hatte merkte an: „Meister, das ist der Junge, der gestern abend aus Rishikesh angekommen ist." (niemandem hatte ich erzählt, dass ich aus Rishikesh kam). „Was willst du"· fuhr Er fort. Ich versuchte es in meinem schlechten Englisch zu erklären, als die Dame, die ich tags zuvor getroffen hatte, mir zu Hilfe eilte: „Meister, er kommt aus Italien. Er hat etwas von deinen Lehren gelesen und möchte hier bleiben und initiert werden." Da fragte er mich, „Was hast du gelesen?"· „Zwei Hefte", antwortete ich und nannte deren Titel. Er erwiderte knapp „Wenn du die Theorie nicht kennst, kannst du nicht eingeweiht werden." Ich wollte sagen „Aber ich habe so viele Bücher über Spiritualität gelesen," doch bevor ich meinen Mund öffnen konnte, wandte Er sich einem anderen zu und ich stand im Regen. Was für ein unglaublicher Crash nun schon zum zweiten Mal. Aber auch jetzt gab ich nicht auf. Ich hatte nun auf den Modus „Feuerwehrmann" geschaltet und war ziemlich sicher, dass alles was geschah nur meine Entschlossenheit auf die Probe stellen sollte. Ich war mir so gewiss, dass Er mein Meister war, dass ich nicht einmal Seinen eigenen Worten glauben konnte.

Das Treffen endete, ich stand auf und ging ein paar Meter weiter, als Roberto zu mir kam und die Dame sagte, „Siehst du, der Meister nimmt dich nicht an. Vielleicht bist zu für diesen Weg nicht bereit, darum kannst du ja eine Rundreise in Indien machen und später wiederkommen." Das schien mir aber so absurd, dass ich das Gespräch abbrach indem ich erwiderte: „Hören Sie zu, Sie können es nicht verstehen, lassen Sie mich alleine." Sie waren sehr verlegen, die Frau ging fort und nach kurzem Zögern schlug Roberto vor: „Lass uns ein paar Schritte zusammen gehen." Wir gingen an eine Stelle, wo Tee und Snacks ausgegeben wurden und nahmen dies in Stille zu uns. Da kam ein junger Kanadier auf mich zu, der auch am Treffen mit dem Meister teilgenommen hatte und sagte, „Ich habe bemerkte, was der Meister mit dir gemacht hat und weißt du, als ich hierher kam, passierte mit mir das Gleiche. Ich übernachtete in Dera Dhun und als ich am nächsten Tag wieder in den Ashram kam, wurde ich nach einer Weile aufgenommen. Vielleicht wird er genauso mit dir verfahren, wenn du hartnäckig bleibst. „Oh was für eine Erleichterung!" Ich dachte mir, dass dies das Einzige war, was mir übrig blieb und auch Roberto sah das so.

Nach einer Weile begann ich, zur Bushaltestelle zu gehen und unter einem Zelt etwas seitlich vom Weg auf dem ich ging, sah ich den Meister sitzen und mit drei oder vier Leuten sprechen. Urplötzlich verspürte ich einen instinktiven Drang, zu Ihm zu laufen, wich zu Seinen Füssen niederzuwerfen und auszurufen, dass er mich annehmen müsse, dass ich keinen Spass machte! Dann kam ein anderer Gedanke hoch: „Bleibe ruhig und warte es ab; du wirst sehen, alles wird gut werden."

Am folgenden Tag als ich wiederkam, war es schon recht spät. Niemand hatte mir erzählt, dass ein grosser Satsang geplant sei (eine Rede des Meisters) und als ich eintraf, hatte er schon begonnen. Es hatte sich eine grosse Menge von einigen tausend Menschen versammelt und so musste ich mich ganz hinten hinsetzen. Natürlich verstand ich nichts von dem was gesagt wurde, aber ich versuchte den Meister zu beobachten und die Atmosphäre zu geniessen. Ein wenig fühlte ich mich wie ein Eindringling und auch auch ein wenig Angst, vertrieben zu werden. Als Er den Satsang beendet hatte, traf ich Roberto, der mich in sein Zimmer einlud, um den Rest des Tages bei ihm zu verbringen. Ich ass mit ihm und und den anderen fünfzehn Westlern zu Abend, die meisten waren Amerikaner und Kanadier. Jeder war zuvorkommend und freundlich und liessen mich wie zuhause fühlen.

An den nächsten paar Tagen gab es viele Versammlungen unter einem grossen Zelt mit mehreren tausend Menschen. Ich sass bei den Westlern, direkt vor dem grossen Podium, so dass ich den Meister aus der Nähe betrachten konnte. Er kam, setzte sich auf seine ihm eigene und besondere Weise hin, indem er den linken Fuss auf dem rechten Oberschenkel abstützte und sah herum. Seine Augen tanzten in erstaunlicher Art und Weise; sie sprangen von einer Person zur anderen in einer solchen Geschwindigkeit, dass man sich nur darüber wundern konnte. Er war ganz weiss gekleidet, sass auf einem Podium, mit einem bestickten weissen Tuch ausgelegt war. Es war ein unvergleichlicher Anblick. Sein beeindruckender Körper strahlte ein golden-weisses Licht aus. Besonders sein Gesicht, sein Bart und seine Augen und ich hätte mir nichts Schöneres vorstellen können. Nur seinen heiligen Körper zu betrachten und zu bewundern, der die Güte Gottes nach draussen ausstrahlte, war für mich das Beste, von dem ich nur hätte träumen können.

Während dieser Treffen hörte ich die Ergebenen zum ersten Mal Bhajans singen (hingebungsvolle Lieder), so wie es im Sant Mat üblich war. Ich war von diesen Gesängen so fasziniert, denn ich hatte niemals zuvor etwas so Erhabenes und Bezauberndes gehört und fühlte, dass ich sie immer schon gekannt hatte. Im Satsang Meister Kirpals sangen nur professionelle Sänger –nämlich Sein Pathi (Vorsänger), Partap Singh, ein Lehrer des Gesangs und der Musik und Taj Ji, die eine himmlische Stimme hatte, sowie andere Ergebenen mit herausragender Begabung. Die Lieder jener Tage waren so ansteckend, dass sie mich in einen Zustand der Berauschung und Ganzheit schickten, den ich mir nie vorgestellt hätte.

Eines Nachmittags (ich glaube es war der zweite Tag nach meiner Ankunft), nach einem langen Treffen mit dem Meister und dem Hören von Gesängen durch mehrere schöne Frauen, die mit himmlischen Stimmen sangen, geriet ich in einen Zustand von so grosser Seligkeit, dass ich mich wunderte, wie mir eine so grosse Gnade von Gott zuteil werden konnte. Während ich mich wie auf Wolken fühlte, sagte der Meister, „nun meditiert", und nachdem er Instruktionen dazu gegeben hatte, ging er fort. Ich stand so neben mir, dass ich mich fragte, „Was wird nun mit mir geschehen?" Ich schloss meine Augen und merkte, wie sofort ein nach Innen gerichteter Strom meine Aufmerksamkeit spontan ins Augenzentrum zog, dem Sitz der Seele im Körper oder dem dritten Auge. Ich konzentrierte die Aufmerksamkeit und plötzlich verschwand die Dunkelheit, die uns sonst umgibt, wenn wir unsere Augen schliessen, und ich erblickte Licht von erstaunlicher Helligkeit und Intensität. Dies war das erste Mal, dass ich beim Meister meditierte und ich dachte, „Oh, wenn wir bei ihm meditieren, muss das ja so sein". Ich war davon überzeugt, dass alle Menschen dort auch meinen

Zustand der Verzückung erlebten. Im Laufe der Zeit erkannte ich, dass das nicht zutrifft und wir nur einen solchen Auftrieb erfahren, wenn Gottes Gnade auf uns herabkommt.

Nach ungefähr einer halben Stunde dieser wunderbaren Meditation kam Roberto zu mir und fragte mich, „Magst du mit zu mir kommen?" Ich war überrascht von dieser Frage und dass er von hier weg wollte, aber ich konnte nicht nein sagen und so folgte ich ihm. Selbst mit offenen Augen war mir, als würde ich wie auf Wolken schweben. „Wie war deine Meditation?", fragte er. „ Diese Meditation war einfach unglaublich," erwiderte ich und schwieg darauf. Nachdem wir in seinem Zimmer angelangt waren, sprach er „Da du eine solch tiefe Erfahrung gemacht hast, wäre es das Beste, wenn wir weiter meditieren." Ich stimmte zu und sobald ich meine Augen schloss, ereignete sich das Gleiche wie zuvor: die Aufmerksamkeit sammelte sich wie von selbst in der Mitte der Stirn mit atemberaubender Geschwindigkeit und sofort versank ich in tiefer Meditation. Ich weiss nicht, wieviel Zeit verging, aber irgendwann kam die Dame vom ersten Abend und sprach:"Es wird bereits spät und du solltest jetzt gehen; der Meister hat dich noch nicht angenommen, daher kannst du nicht hierbleiben und übernachten." Diese Worte vernehmend „Meister hat dich noch nicht angenommen", brachte ein süsses Lächeln auf meine Lippen; ich war so sehr in Seiner wunderbaren Gnade eingehüllt, so erfüllt von Seiner wahren Essenz, dass es keinen besseren Weg des Aufgenommenseins hätte geben können. Aber ich antwortete, „Mach dir keine Sorgen, ich gehe jetzt." Kurz darauf verabschiedete ich mich und nahm den Weg, der zum Ashram hinausführt, hinter Meisters Haus entlang und als ich auf der Höhe des Hauses war, schaute ich mit einem Gefühlt der Dankbarkeit dorthin und tief in mir empfand ich eine überwältigende explosionsartige Freude. Es war die Freude derer, die wissen, dass sie Gott nahe sind und von ihm geliebt werden.

Beim Besteigen des Busses und mich umschaute?? sah ich alle die Menschen dort sitzen, ein jeder mit seiner mehr oder weniger schweren Lebenslast beladen, es fühlte sich an, als ob ich mich in einer schwärzlichen Wolke befinde. Jedoch vergingen nur wenige Minuten und das Licht des Meisters in mir überflutete den Bus und der Ausdruck der Gesichter änderte sich, sie wurden schöner und strahlten. Es war so als ob alle von meinem Zustand angesteckt wurden. Das gleiche passierte, als ich in der Stadt ankam. Ich betrat ein kleines Restaurant um etwas zu essen und sogleich war mir, als sei ich in ein schwarzes Loch geraten: Die Atmosphäre war schwer, dunkel und grau, doch nach ein paar Minuten dehnte sich die Lichthülle um mich herum auf den ganzen Ort aus und alles war erschien wieder schöner und leuchtend. Als ich das Hotel erreichte, sah ich den Eigentümer, einen älteren Sikh mit langem weissen Bart auf einem Bett davor sitzen. Ich hielt inne, um ein paar Worte mit ihm zu wechseln und er fragte: „Wo wirst du als nächstes hinreisen?" „Ich denke, ich werde ins Manav Kendra von Sant Kirpal Singh ziehen." Er schenkte mir ein freundliches Lächeln, das mich so sehr an den Meister erinnerte und ich verspürte den Wunsch, ihn zu umarmen und zu küssen. An diesem Abend erschien mir das karge Zimmer wie ein Palast, da ich ständig von dieser wundervollen Aura umgeben war. Nach einer Weile fiel ich in Schlaf und als ich am nächsten Morgen aufwachte, befand ich mich noch im gleichen Zustand. Ich musste mich nur ein bisschen konzentrieren und schon war ich weg, die Zeit verging und ich merkte es nicht.

Nach ein paar Tagen erfuhr ich, dass der Meister nach Delhi zurück musste und man sagte mir, dass ich gut daran täte, ihn zu fragen, ob er mir die Initiation geben wolle. Inzwischen hatte ich mich mit dem Turnlehrer der Ashramschule angefreundet, der mir anbot, mich zum Meister zu begleiten und ihn zu fragen, ob er mir die Einweihung geben würde. Am Nachmittag gingen wir zu seinem Haus, betraten es ohne dass jemand da war, um uns vorzulassen und stellten fest, dass sich der Meister gerade hinlegen wollte. Sobald er uns sah setzte er sich wieder auf, richtete seinen Turban mit der einen Hand und strich sich den Barten mit der anderen Hand glatt auf seine unnachahmliche Art. Er bedeutete uns, sich zu ihm auf den Boden zu setzen und fragte den Lehrer nach dem Grund unseres Besuches. Dieser antwortete, dass ich bereits all das wenige von seinen Lehren, was in italienischer Sprache verfügbar war, gelesen habe. Mein Freund bat daraufhin, ob er mir dennoch (trotz unvollständigen theoretischen Wissens) die Initiation geben könne. Dies Mal war er gütig, liebevoll und voller Zuneigung wie der liebste Vater, „Schau", sprach er, „ich kann nicht jeden annehmen, der hierher kommt; ich muss mich an gewisse Regeln halten." „Du stehst über allem und kannst tun was du willst," erwiderte ich und er fuhr fort, „Nun, ich reise jetzt nach Delhi; komm mit und dann wirst du eingeweiht werden." Als ich dieses Zugeständnis hörte, überfiel mich eine solche unkontrollierbare Freude und Dankbarkeit, dass ich zu weinen begann. Bevor wir uns verabschiedeten fügte er hinzu: „Aber nachdem ihr die Initiation bekommen habt, müsst ihr beide (Roberto und ich) nach Italien zurückkehren." Wie schon erwähnt, war ich nach indien gekommen, um dort eineinhalb Jahre zu bleiben und nun wurde ich aufgefordert nach weniger als einem Monat umzukehren, aber das machte mir nichts aus, ich hätte alles für ihn getan. Er fragte, ich stimmte zu und er war es zufrieden.

Beim Verlassen des Hauses gab ich den Gefühlen meines Herzens freien Lauf und weinte eine Zeitlang, so intensiv und ausgiebig, wie noch nie in meinem ganzen Leben. Es waren nicht Tränen der Trauer und des Leids, nein, es waren Tränen, die man bekommt, wenn jede Zelle deines Wesens von starker göttlicher Liebe durchdrungen wird. Einmal hielt sich der Meister in Amerika auf und wartete auf dem Flughafen auf den Flug nach seinem nächsten Reiseziel. Bei ihm war eine Gruppe von Schülern, die vor ihm sassen und in seine Augen schauten. Es vergingen fünfzehn Minuten, ohne dass jemand etwas sagte: die Liebe die vom Meister ausging war so intensiv, dass sie die Herzen aller erschütterte und alle in Tränen ausbrachen. Eine Frau sah im Vorbeigehen dieses unglaubliche Szene und wollte wissen, weshalb denn alle so weinten. Sie trat an den Meister heran und fragte: „Warum weinen denn all diese Leute?" Der Meister schaute ihr mit absoluter Konzentration in die Augen und antwortete: „Das ist Liebe." Plötzlich brach auch diese Frau, die den Meister nie zuvor gesehen hatte, in Tränen aus und nun verstand sie den Grund für diese Tränen sehr gut. Gottes Liebe ist wie starke Augentropfen, die das Auge erst zum Tränen bringen, damit sie noch schöner und heller strahlen können.

Unter den Besuchern war ein Amerikaner, der ein Taxi gemietet hatte, um von Dera Duhn nach Delhi zu kommen (250 km) und er lud Roberto und mich ein, mitzufahren. Das war ein so schönes und hilfreiches Geschenk! Mein innerer Zustand war so, dass ich ein grosses Bedürfnis danach hatte, vom Tumult der Menge geschützt zu sein, welcher bei einer Bus- oder Zugreise unvermeidlich war. Diese Fahrt war traumhaft. In mir brannte ein fortwährendes Gebet aus Sehnsucht und leidenschaftlicher Liebe für das, was ich als den feinsten und göttlichen Teil meines Wesens erkannt hatte. Mir war, als befände ich mich ausserhalb dieser Welt und als ich die Landschaft betrachtete, sah ich sie ganz deutlich als Widerspiegelung des Göttlichen Lichts, ein Spiel von Schatten und hellen Stellen wie Bilder, die von einem Projektor an die Wand geworfen werden. Unwirklich für jene, die es auf dieser Ebene wahrnehmen, sehr real für andere, die ein Teil des Spielfilms sind und sich damit identifizieren. In einem solchen Zustand erhalten die kleinsten Dinge grosse Bedeutung – eine Geste, ein auf bestimmte Weise gesprochener Satz, eine Begegnung, die Landschaft und die Natur – alles kann versteckte Wahrheiten offenbaren, die man im normalen Bewusstseinszustand nicht wahrnehmen kann.

In Delhi konnte ich im Ashram des Meisters (Sawan Ashram) zu Gast sein, der erste Ashram, der von ihm und seinen Schülern 1950 errichtet wurde, als er nach dem Tod seines Meisters Hazur Baba Sawan Singh nach Delhi zog und den göttlichen Auftrag, der ihm anvertraut worden war, auszuführen begann. Manav Kendra war im Gegensatz dazu ein neu erbauter Ashram, wo der Meister seinen Traum eines Ortes mitten in der Natur umsetzen wollte, an dem jeder seiner Seele durch inspirierende Meditationen etwas Gutes tun konnte und indem das Land bestellt wurde und durch selbstlosen Dienst Selbsterkenntnis ermöglicht wurde.

Der Sawan Ashram lag in einem Teil von Alt-Delhi und obwohl er ein gut gebautes und gut organisiertes Zentrum war, war er recht klein und nun nicht mehr in der Lage, die grossen Menschenmengen zu beherbergen, die regelmässig die aussergewöhnlichen Vorträge des Meisters anhören wollten. Für mich war er eine Zuflucht, ein lieblicher Ort und dort mit den anderen Gästen wohnen zu dürfen, nur wenige Meter vom heiligen Körper des Meisters entfernt, und ihn regelmässig während des Tages sehen zu können, war für mich das grösstmögliche Geschenk. Wenn die Dinge zu leicht verschenkt werden, misst man ihnen nie den richtigen Wert bei, aber wenn man schwitzt und Schmerzen für sie erleidest, dann werden sie umso mehr gewürdigt, wenn man sie geschenkt bekommt. Wenn man jenen die satt sind und nie Hungers gelitten haben, zu essen gibt, wollen sie es nicht und lehnen es ab, aber wenn man einem, der oft hungert und seit mehreren Tagen nichts gegessen hat, etwas schenkt, wird er es mit Freude verspeisen. Auch wenn es nicht gut gekocht wurde und fast geschmacklos ist, wird er es als äusserst köstlich empfinden. Daher war ich so dankbar für dieses Geschenk, welches andere vielleicht für normal und selbstverständlich halten. Ich genoss jeden Moment, Tag um Tag, während dieser zwei Wochen. Täglich, morgens und abends trafen wir uns beim Meister und versammelten uns im Atrium seines Hauses, und er kam morgens um neun und abends um sechs Uhr heraus, um uns in Meditation zu setzen. Er sass vor uns auch einem Sofa (damals waren wir ungefähr zwanzig Westler) und erlaubte uns, Fragen zu stellen, welche er je nach dem mit grossem Humor und Leichtigkeit oder ernst und mit grosser Weisheit beantwortete. Die Atmosphäre in seinem Haus war von grosser Intensität, sein Auftreten war immer majestätisch aber auch mit kindhafter Natürlichkeit und Spontanität gepaart. Sein Lächeln war so strahlend und schön, seine Bewegungen wie ein Tanz.

Nach einer Woche sagte er eines Morgens: „Heute Nachmittag wird die Initiation stattfinden." Wir sollten zu sechst eingeweiht werden: zwei Amerikaner, zwei Kanadier und zwei Italiener.

Die Einweihung von einem vollkommenen wahren Meister oder Satguru – wie er in Indien genannt wird – wird als unbezahlbares Geschenk angesehen, eine

Gabe, die Erlösung oder Befreiung herbeiführen wird. Es ist die formelle Handlung für diejenigen, die auf den Weg der Heiligen gestellt werden. Während der Zeremonie (die in keiner Weise ein Ritual darstellt) erklärt der Meister oder jemand, der physisch gesehen, seinen Platz einnimmt – ein authorisierter Repräsentant – dem Neuling die Reise, die die Seele vor sich hat, wenn sie sich mit der Gnade des Guru und Gottes vom physischen Körper während der Meditation löst. Es werden die Erfahrungen beschrieben, die meistens auf dieser Reise auftreten – der Anblick des wunderbaren göttlichen Lichts und das Hören des inneren Klangs (der Sphärenmusik). Dies sind die beiden Verbindungen, die uns zurück zu unserem Ursprung bringen, indem wir ihnen folgen. Es werden uns die beiden Meditationstechniken beigebracht; eine für die innere Schau des Lichts, die andere, wie man auf den Tonstrom hört, worauf man sich konzentrieren soll und was zu vermeiden ist, um fortzuschreiten. Auch wird einem der Simran gegeben, die mentale Wiederholung der fünf heiligen Namen Gottes. Diese Namen sind durch die Gnade des Meisters aufgeladen und ihre Wiederholung hilft dabei, uns am Sitz der Seele im Körper hinter den Augen zu sammeln. Der wichtigste Aspekt der Initiation ist aber der Meister, der in seiner Güte den neu angenommenen Schülern eine Ersthanderfahrung der Verbindung mit diesen Bindegliedern des Lichts und des Tonstroms gewährt. – sie kann mehr oder weniger intensiv sein, je nach dem Grad der Empfänglichkeit für die göttliche innere Kraft.

In meinem Fall reichte schon die Nähe zum erhabenen Körper des Meisters, dem Tabernakel Gottes, dem Schatzhaus der Nahrung für die Seele, um die Vorhänge, die meine Augen bedeckten, herunterzuziehen und mir die Gabe innerer Schau zu schenken. Wie ich berichtet habe, hatte sich das alles bereits bei mir ereignet und nun war ich mit heiliger Furcht erfüllt, was nun noch geschehen könnte. Die Erfahrung, die ich mit der Meisterkraft während der ganzen Zeit im Ashram machte, war so ungewöhnlich(das meine ich im positiven Sinne), so stark und intensiv, dass ich mich in seiner Gegenwart wie eine Ameise vor einem Berg fühlte, fast wie existenzlos.

In diesem Gemütszustand fand ich mich nachmittags zusammen mit den anderen im Haus des Meisters ein. Wir waren daran erinnert worden, dass der Meister um 16 Uhr kommen würde, aber er kam nicht um 16 Uhr nicht um 17 Uhr und 18 Uhr war kein Schatten von ihm zu sehen. Es war 19 Uhr, dass er zu uns kam und sich hinsetzte als sei nichts geschehen. Einer der Initierten, ein Kanadier konnte nicht länger an sich halten und sagte: "Aber Meister heute sollte doch die Initiation stattfinden!" Der Meister lächelte ausweichend und freundlich und antwortete:" Oh, ich war den ganzen Nachmittag so beschäftigt und konnte nicht kommen, macht euch keine Sorgen, das werden wir morgen erledigen." Jedermann lachte bei diesem Vorfall, der sehr lustig war und die langen Stunden des Wartens vergessen machte.

Am nächsten Morgen betraten wir um neun Uhr das Haus des Meisters und wir sechs wurden gebeten, auf Stühlen Platz zu nehmen, die direkt vor dem Sofa der Meisters gruppiert waren. Die anderen, die schon eingeweiht waren, sassen hinter uns. Sobald ich an diesem Morgen das gesegnete Haus betrat, merkte ich, dass die Atmospähre kochte. Es hing eine so starke elektrische Ladung in der Luft, dass ich beim Hinsetzen an einen elektrischen Stuhl denken musste. Es war überwältigend, und ich fürchtete nicht mit dieser unglaublichen Energie Verbindung aufnehmen zu können. Habt ihr einmal ein Eisenteil in die Nähe eines Magneten gebracht? Nicht direkt an ihn heran, nicht zu weit weg, nur einen Zentimeter vielleicht, dass es in das Magnetfeld gelangt – das war fast dieselbe Intensität und Energie, die ich von dieser mächtigen Kraft des Meisters ausgehen fühlte, die zum Ausdruck gebrachte Gotteskraft.

Dann kam er herein, der wundervolle göttliche Meister und setzte sich vor uns nieder,lächelte freundlich und begann über all das zu sprechen, was ich schon vorher beschrieben hatte, nur noch detaillierter. Das Hören seiner lieblichen melodischen Stimme hielt mich gefangen, und ich wurde innerlich ruhig. Ich verstand nichts von dem was er sagte, aber glücklicherweise sass die Frau, die etwas Italienisch sprach, hinter mir und übersetzte die wichtigsten Punkte, indem sie mir ins Ohr flüsterte während der Meister redete. Als der theoretische Teil erläutert worden war, erhielten wir von einem Sevadar (ein Helfer) einen Bogen Papier, auf dem die fünf heiligen Worte geschrieben standen; wir mussten sie ein paar Mal wiederholen und dann sagte er: „nun könnt ihr gehen, wir treffen uns heute nachmittag zum praktischen Teil wieder."

Nachdem wir sein Haus verlassen hatten, gingen Roberto und ich sogleich in unser Zimmer um zu meditieren und mit der Wirkung dieser gesegneten und geheimnisvollen Namen zu experimentieren. Ich weiss nicht, was er empfand, aber für mich war es wie das Besteigen eines Fahrstuhls. Während ich in Gedanken die Worte wiederholte, sammelte sich meine Aufmerksamkeit auf Ihn und ich fühlte meine Seele wie von einem Fahrstuhl nach Innen und Oben gezogen zu werden. Eine andere Auswirkung war, dass ich in einen zeitlosen Zustand überging, als ob Zeit so wir sie wahrnehmen stillstehen würde und sich für mich nicht mehr messen liesse.

Wir kehrten am Nachmittag in sein Haus zurück, dem Ort, der für mich von nun an eher ein Ofen war, in dem ich gegart wurde. Beim Eintreten spürte ich die gleiche enorme Engergie wie am Morgen und als der Meister ankam und zu sprechen begann, tauchte ich in ihn sanft ein.Er forderte uns auf unsere Augen zu schliessen und mit der Meditation zu beginnen. Ich fing an und versuchte das auszuüben, was mir erzählt worden war. Ich wiederholte den Simran (die fünf Namen) und konzentrierte mich auf eine Weise, dass ich wahrnahm, der Simran selbst geworden zu sein. Ich weiss nicht, wie ich es anders erklären soll, aber so war es. Irgendwann vergass ich den ersten Namen und es schien mir, als ob mir jemand einen Arm abgeschnitten hätte, so sehr hatte ich mich damit identifiziert. Ich hatte das Papier auf dem die Worte aufgeschrieben waren auf meinem Schoss und so öffnete ich die Augen, um sie zu lesen. Unwahrscheinlich schnell nahm mir der Meister, der direkt vor mir stand, das Blatt aus der Hand, schloss meine Augen mit seiner mächtigen Hand und liess seine Finger auf den Lidern, bis das innere Licht zu strahlen begann und ging dann wieder von mir fort. Jetzt fiel mir das vergessene Wort wieder ein und alles war fantastisch. Ich war so froh, dieses Geheimnis mit ihm zu teilen. Unbemerkt von allen fühlte ich mich so sicher, genau wissend, dass er so wie dieses Mal, mir immer zur Seite stehen würde. Ich möchte hervorheben, dass der Meister direkt vor mir stand, als ich die Augen öffnete als ob er gewusst hätte, was ich beabsichtigte. Es schien, als ob er davon wusste, dass ich das erste Wort vergessen hatte und von meinem grossen Bedürfnis mich wieder daran zu erinnern. Er wusste, dass ich meine Augen öffnen wollte und den Zettel auf meinem Schoss zu lesen. Indem er ihn mirt wegnahm, wollte er mir zu verstehen geben, dass er sich meines Zustandesvoll bewusst war.

Nachdem die Übung zum Sehen des Lichtes vorüber war, wurde uns erklärt, wie wir auf den Tonstrom hören konnten und wieder fuhren wir fort zu meditieren. Auch nun, wurde mir die Erfahrung von der Wahrheit zuteil, wie sie die Meister lehren: dass das Universum aus Shabd, dem erschaffenen Wort Gottes enstanden ist, der Sphärenmusik, der Stimme der Stille. Nur wenn in uns jede Stimme unseres Ego zu Ruhe gekommen ist, wird uns erlaubt in der Stille, die eine Stimme hat aufzugehen. Diese Stimme manifestiert sich wie musikalische Klänge: sie besitzt unterschiedliche Charakteristika und Intensität je nach dem in welcher spirituellen Ebene sie erklingt. Indem man sich in diesem Tonstrom treiben lässt, welcher wie ein mächtiger Magnet wirkt, wird man befähigt, diesen physischen Körper zu übersteigen und ins Leben danach einzutreten. Durch die reinigende Wirkung, die von dieser Erfahrung herrührt, werden wir dazu bereit, auf dem heiligen Pfad voranzuschreiten, der zu unserer wahren Heimat, der Wohnstatt der Wahrheit, führt, in der es keinen Raum für Falschheit gibt.

Nach der Meditation fragte uns der Meister, was wir gehört hatten. Nachdem ein jeder seine Erfahrung beschrieben hatte, gab er uns Ratschläge, wie wir mit Entschlossenheit auf dem von ihm dargelegten Weg fortschreiten konnten: Die Faktoren, die bei diesem Vorgang helfen und solche die ihn verzögern. Unter anderem riet er uns mindestens zwei Stunden täglich zu meditieren. Als ich dies hörte, dachte ich „so wenig? Ich werde den gazen Tag lang meditieren, was anderes ist ist mich denn noch wichtig!"

In den folgenden Tagen gab uns der Meister bekannt, dass er eine Reise nach Kashmir unternehmen würde, und dass es für uns, für Roberto und mich, Zeit sei, nach Italien zurückzukehren. Das machte mir aber nichts aus, ich möchte sogar sagen, ich war begierig danach, nach Hause zu kommen und in meinem Zimmer das in die Praxis umzusetzen, was der Meister mich gelehrt hatte. Da ich nun mein früheres Leben wieder aufnehmen konnte mit der wertvollen Zugabe der Begegnung mit diesem grossen Heiligen und dem unglaublichen spirituellen Erwachen, die sie in mir bewirkt hatte, war ich jetzt auch darauf aus, Seine Botschaft an meine lieben Freunde weiterzugeben. Ich war mir sicher, dass einige sie willkommen heissen würden und dass sie ihnen dabei helfen würde, ein besseres und stabileres Leben zu führen.

Fünf Tage später gingen wir morgens zum Haus des Meisters um ihn zu begrüssen und seinen abschliessenden Segen zu bekommen, was nur bedeutet, ihn und in seine Augen zu sehen. Es dämmerte, es war die Zeit der Ambrosia, der schönste Augenblick um seinen gesegnete Darshan zu erhalten. Er kam von oben herunter, wo sein Schlafzimmer war, ganz in weiss gekleidet mit seinem weissen Turban und seinem wunderschönen fliessenden Bart; der König der Könige. Wir alle schauten voller Freude in seine Augen, so wie die Bienen beim Anblick der Frühlingsblumen froh sind, und wir tranken von der nie versagenden Quelle seines Lichts. Er kam hinüber zu Roberto und mir, schaute in unsere Augen und sprach, „Bleibt mit mir in Verbindung und nehmt am örtlichen Satsang teil." Dann verliess er sein Haus, bestieg das Auto und fuhr weg.

Kirpal, Kirpal, Kirpal, Kirpal,

wiederhole immer nur Kirpal

Mein Herr hat mir einen grossen, gewaltigen Schatz geschenkt,

Einen Schatz so gross, unvergleichbar auf dieser Welt.

Er erleuchtet mein Gemüt und mein Herz. Mit Freude und Liebe er mich lenkt.

Er brachte mich in das göttliche Land,

in dem meine Seele sich am Heiligen Wein bertrunken hält.

So gerne würde ich dies mit euch teilen.

Mein Glück ist so gross, so süss, dass es mein Herz entzückt.

So süss wie Honig, der Duft der Rose; beide wirst Du nicht meiden.

Die Luft ist erfüllt von lieblichem Gesang,

aus dem Nichts heraus erklingt bezaubernde Musik.

Wir übersehen das Herz hinter Chimären, die alle nur eine Täuschung sind.

Das ganze Leben suchen wir nach einer Erfüllung,

die wir nie erreichen werden.

In dieser Welt herrscht nur Schmerz,

tödliches Gift bedeckt mit Zucker für ein Kind.

Alles hier unten verändert sich früher oder später.

Das Junge und Schöne verblüht auf Erden.

Es ist an der Zeit, nach dem zu suchen, was bleibt und uns ins Jenseits begleitet;

Das Zeitliche endet, doch was nie stirbt ist das Licht der Ewigkeit im Äther.

Wir müssen unsere Wurzeln in den göttlichen Boden des Jenseits versenken

Und immer unsere Aufnermsamkeit auf das Unzerstörbare sich weitet.

So wird es keine Enttäuschung mehr geben, das musst du bedenken!

ZURŰCK DAHEIM

Die Rűckreise war noch abenteuerlicher als die erste Tour und da wir mit dem Zug oder Bus fuhren, waren wir immer zwischen vielen Menschen aller Art eingequetscht, aber der Meister war immer bei uns, und die Erinnerung der Erlebnisse mit ihm immer frisch ins unserem Bewusstsein. Es dűrstete mich danach, nach Haus zu kommen, um in einer friedvollen Umgebung nach den Lehren des Meisters leben zu kőnnen, indem ich mich so viel wie mőglich der Meditation widmete und versuchen kőnnte, mich dem Ideal eines hehren gőttlichen Lebens in steter spiritueller Einsicht anzunähern. Aus diesem Grund legte ich keinen Halt ein und reiste auf der letzten Etappe von Athen nach Mailand alleine. Roberto und Larry (ein junger Kanadier, der uns begleitete) entschlossen sich, auf einer griechischen Insel Rast zu machen. Ich kam morgens um elf Uhr zu Hause an und meine Mutter wurde bei meinem Anblick fast ohnmächtig. Seit drei Monaten hatte sie keine Post von mir erreicht und war bereits um mein Leben sehr in Sorge. Auch Franco, mein älterer Bruder und seine Frau waren da, die seit einigen Tagen in unserem Haus wohnten. Bald kam sogar meine Schwester dazu und Virgil mein anderer Bruder. Als wir so um den Tisch herum sassen, war ich in eine sehr zurűckgezogenen Stimmungund ?űberhaupt nicht redselig. Ich fűhlte mich so rein und sauber wie ein neugeborenes Baby. Meine Mutter fragte mich, ob ich ein Ei haben wolle (bevor ich nach Indien aufbrach, hatte ich noch Eier gegessen). Als ich ihr ruhig sagte, dass ich jetzt auch keine Eier mehr essen wűrde, sagte mein Bruder Franco, der wegen meines Ruhigseins nervős geworden war,voller Ironie: „Oh du bist noch weiter fortgeschritten; du scheinst mir ein zweiter Christus geworden zu sein!" Seine Ironie machte mir nichts aus und ich antwortete „Wenn es etwas anderes zu essen gibt, dann gut, wenn nicht, macht das nichts."

Bald merkten sie zu Hause, dass mit mir etwas Besonderes geschehen war, dass der Sirio, der nach Indien gefahren war, nicht der gleiche war, der zurűckkam. Als sie sahen, dass ich den grőssten Teil des Tages in Meditation verbrachte und kaum ausging (ausser, um den Satsang in Mailand zu besuchen) und selten jemanden besuchte, es sei denn ich wurde selbst besucht, begannen sie zu verstehen, dass mit mir etwas Seltsames geschehen war. Sogar Virgil konnte mich nicht verstehen. An jenem ersten Tag bat er mich nach dem Mittagessen etwas űber meine Reise zu berichten und was fűr mich dabei herausgesprungen sei. Wir redeten ein wenig und ich versuchte zu erklären, was ich erfahren hatte. Ich denke nicht, dass er viel von dem Zustand, in dem ich mich befand, wahrgenommen hat. Als er dann fragte, ob ich mit ihm im Park spazierengehen wolle, wo sich im Allgemeinen all unsere Freunde trafen, stimmte ich zu, aber es war für mich nicht leicht, denn sie hatten zwar grosses Interesse an meiner Indienreise, aber meiner Meinung nach nur oberflächlich. Vor allem anderen wollten sie etwas über das Land Indien hören und nicht, was mit mir geschehen war. Ich blieb nur ungefähr eine halbe Stunde lang dort, da diese Gespräche keine gemeinsame Basis hatten und ging allein nach Hause.

An diesem Abend kamen sie alle zu meinem Haus, zwanzig Leute und sie wollten etwas über meine Indienreise hören, aber ich konnte nur wenige Sätze von mir geben und daher zogen sie unzufrieden wieder ab. Jeder wusste, dass ich einem Meister begegnet war und von ihm eingeweiht wurde, aber nur allmählich merkten sie, dass dies eine weitgreifende Veränderung in meinem Leben und meinen Zielen herbeiführen würde. Es ging nicht darum, nur ein Buch über die Spiritualität in Indien zu lesen und dann Vorträge zu halten, mehr oder weniger wie ein Philosoph oder Schönredner und dann als grosser Weiser zu erscheinen. So jemand müsste wenig oder überhaupt nicht nach dem leben, was er gelernt hatte und wäre immer noch wie bisher der Gleiche: ein Opfer von Lust, Ärger, Gier, Verhaftetsein, Egoismus, Arroganz, Eitelkeit usw. Für die meisten von ihnen war meine Entschlossenheit und dieser neue Lebensstil unakzeptabel, und sie wollten nicht weiter mit mir zu tun haben. Aber es gab sechs oder sieben unter ihnen, die mich privat trafen und wirklich verstehen wollten, was mit mir passiert war und was ich mit meinem weiteren Leben vorhatte. Sie fühlten die Tiefe und den Frieden, der von mir ausging und verstanden, dass man das leben musste und nicht nur darüber theoretisieren. Auf der spirituellen Reise muss man ganz plötzlich das Gemüt, Theorien und Philosophien hinter sich lassen, um die sanfte Berührung des Geistes zu verspüren, der eine ewig fliessende Quelle reinen Wassers ist, das aus den Tiefen unseres Wesens entspringt. Ferrucio, Oswaldo, Joseph, Andrew, Virgil und drei oder vier weitere begannen den Satsang zu besuchen, der zweimal wöchentlich in Mailand stattfand und sie wurden innerhalb weniger Monate vom damaligen Repräsentanten des Meisters initiiert.

Es verging ein Monat, in dem ich mich der Meditation widmete, indem ich um vier Uhr morgens aufstand und bis sieben oder acht meditierte, dann ungefähr genauso lange vor dem Mittagessen und ebenso am Abend. Mir machte dies grosse Freude, es war so leicht und aufregend und ohne Schwierigkeiten. Diese Stunden waren von der wundervollen Gnade meines geliebten Herrn und der des Meisters und seiner Gegenwart erfüllt, heiliger Duft und Geschmack waren Wohltaten der spirituellen Wahrnehmung. Ich bewegte mich wie auf einer

Wolke und mein innerer Zustand war der eines Kindes, das die äussere Welt kaum wahrnimmt. Mein Leben war so grossartig, fast so als würde ich verunreinigt, wenn ich mich etwas Materiellem beschäftigen würde. Wenn ich mit jemandem über meinen grossen Meister sprach, wurde ich oft von einer gewaltigen Energie ergriffen, die mich durchschüttelte und ich fühlte mich wie ein von einem Hurrikan entwurzelter Baum. Und manchmal waren die Emotionen und Gefühle, die mich ergriffen so stark, dass ich unkontrollierbar in Tränen ausbrach. Es war aber nicht immer so: bisweilen konnte ich stundenlang über meine Begegnungen mit ihnen und über den heiligen Weg sprechen. Dann vergingen die Stunden für mich und die Zuhörer so schnell, dass wir beim Schauen auf die Uhr überrascht waren, dass schon zwei Stunden oder mehr verstrichen waren.

Jedoch musste ich wieder zurück an die Arbeit gehen und eines Tages begleitete ich Beatrice (meine Schwester), um im Supermarkt wo sie angestellt war, um Arbeit zu bitten. Als wir im Wagen sassen fragte sie: „ Meinst du, dass du noch autofahren kannst?" Sie merkte, dass ich so weltfremd geworden war, das sie daran zweifelte. „Ich werde es mal versuchen", antwortete ich, und tatsächlich gelang es mir. Es war aufschlussreich, diese Dinge wieder zu tun, denn ich fand heraus, dass ich mich nur auf eine Aktivität zu konzentrieren brauchte und alles wie von selbst vonstatten ging. Ich wurde als Saisonarbeiter angenommen und arbeitete so drei Monate dort. Ich schaffte es; ich konnte meinen Pflichten nachkommen und mich allmählich an das weltliche Tagesgeschäft gewöhnen. Das heisst nun aber nicht, dass ich aufhörte zu meditieren. Morgens stand ich immer um vier Uhr auf und meditierte drei Stunden lang, kam mittags heim, meditierte eine Stunde vor dem Essen und auch abends setzte ich mich für eine weitere Stunde dazu hin.

Danach fand ich eine andere unbefristete Arbeit in einer grossen Firma, wenige hundert Meter von meinem Haus entfernt und mein Leben ging so weiter. Diese vier oder fünf Stunden täglicher Meditation reichten mir aber nicht; ich wollte so gerne den ganzen Tag so verbringen und daher begann ich zum Meister zu beten: „Meister, füge es so, dass ich die ganze Zeit meditieren kann." Meiner Bitte wurde auf ganz besondere Art und Weise entsprochen. Der Herbst kam und in den ersten kalten Tagen bekam ich eine starken Husten, den ich nicht weiter beachtete. Unschuldig dachte ich: „Der Meister wird sich schon darum kümmern."

Der Husten wurde schlimmer und schlimmer, so dass ich manchmal mehrere Minuten lang ohne es beeinflussen zu können, hustete. Ich nahm mir frei und blieb zu Hause, aber ich nahm nicht umgehend die konventionellen Medikamente ein, da ich mich selbst mit Kräutern aus einem Kräuterladen behandeln wollte. Aber mein Zustand war zu ernst und dies half nicht genug. Ausserdem musste ich ins Erdgeschoss des Hauses umziehen, in dem wir wohnten, um ungestört meditieren zu können und obwohl es ein netter Raum war, war er etwas feucht und kalt und das verschlechterte meinen Gesundheitszustand noch mehr. Es kam ein Arzt nach Hause, der gleich erkannte, dass es mir ernstlich schlecht ging. Ich wurde eingewiesen und zuerst dachte man, ich hätte eine Lungenentzündung und sie behandelten mich mit normalen Antibiotika, aber nach einem Monat liess sich immer noch keine Besserung feststellen. Eine genauere Röntgenaufnahme wurde angefertigt und eine seltene Form der Tuberkulose festgestellt. Ich wurde in ein Sanatorium ausserhalb von Mailand verlegt. Es befand sich mitten auf dem Land und war von einem schönen Garten mit Pinien und anderen Koniferen umgeben. Dort erhielt ich spezifischere Therapien. Ich bin mir sicher, wenn ich gleich bei den ersten Symptomen richtig reagiert hätte, hätte die Krankheit leicht ausheilen können, aber da ich meine Gesundheit vernachlässigt hatte, war es eher schlechter geworden: zuerst kam es zur Bronchitis, welche dann zur Lungenentzündung wurde und schliesslich daraus ein Form der Tuberkulose erwuchs (man spricht von einem „Loch in der Lunge"). Ich selbst fand es nicht so dramatisch; ich war froh, Zeit zur Meditation zu haben und tatsächlich meditierte ich im Krankenhaus so wie zu Hause. Ich sass den ganzen Tag auf dem Bett und meditierte zehn oder elf Stunden. Ich weiss nicht was meine Zimmergenossen, Ärzte und Schwestern von mir dachten, aber das kümmerte mich nicht. Ich hielt das so im Krankenhaus während des ersten Monats der Krankheit und auch in den fünf Monaten, die ich im Sanatorium verbrachte.

Im Sanatorium war vieles leichter. Die Zimmer waren grösser und es gab eine Terrasse mit einem grossen Fenster mit Blick auf den Garten, in dem es für jeden Patienten Liegestühle gab und dort ruhten wir uns meistens aus. Klar, die anderen schauten fern und sprachen über alles Mögliche, daber das interessierte mich nicht. Tagsüber sass ich im Liegestuhl und meditierte und ging nach dem Frühstück und Mittagessen lange durch die Felder spazieren, die das Sanatorium rund herum umgaben. Natürlich gab es einen Zaun um das Krankenhaus, um es von den Feldern zu trennen, aber dieser Zaun war fast vollständig zusammengebrochen und wartete auf seine Instandsetzung. Daher konnte ich frei in Wald und Flur umherstreifen. Manchmal ging ich sogar nach Hause, ohne es jemandem zu sagen. Paradoxerweise wurde der Zaun in den letzten Wochen meines Aufenthaltes dort neu gezogen und war fertig als ich entlassen wurde.

Ich war nicht traurig darűber, dass ich krank war; ich machte mir keine Sorgen und ich litt nicht viel darunter, denn die einzigen Symptome waren eine allgemeine Schwäche und ein leichtes Fieber (37,5 Grad). Fűr das was ich tun wollte, war es in Ordnung und war vielleicht auch hilfreich.

In den fűnf Monaten meines Aufenthaltes dort wechselte ich nur selten ein paar Worte mit jemandem (die einzige Person, mit der ich sprach, war eine Nonne) und widmete meine ganze Zeit der Meditation, studierte die Lehren des Meisters, lernte Schreibmaschine schreiben und machte meine ersten Erfahrungen mit Übersetzungen aus dem Französischen. Ab und zu kamen meine Familie und Freunde zu Besuch, mit denen ich mich nur űber den Meister und seine Lehren unterhielt. Virgil war erstaunt űber meine Kontinuität und Beharrlichkeit, die ich in dieser anderen Umgebung an den Tag legte, was er sonst nicht fűr möglich gehalten hätte. Oft sagte er: „Das könnte ich nicht,niemals, nie wűrde ich das schaffen, was du tust."

Jede Meditation war ein Segen und ich fűhlte mich innerlich so vollständig, so trunken vom Wein Naam´s (göttliches Licht), dass es mir an nichts mangelte. Ich hatte viele wunderbare Erfahrungen in diesen Monaten sowie fantastische Träume. Jede Nacht träumte ich vom Meister, zusammmen mit vielen anderen Meistern – einige kannte ich, andere hatte ich nie gesehen. Eines Nachts hatte ich eine Vision von Christus, wie er mich mit einer Gruppe anderer Menschen einweihte. Wenn ich zu meditieren begann, tauchte ich so tief ein, dass das innere Licht von so grosser Intensität war, dass ich meinte, es könnte mich entzűnden. Jesus Christus war majestätisch, schön und königlich, aber so ganz anders als auf den Bildern, die im Westen bekannt sind. Er trug ein langes braunes Gewand und einen schwarzen Mantel. Er sah wie ein typischer Jude des Ostens aus mit einem langen dunklen Bart. Als ich eines nachmittags meditierte, verpűrte ich plötzlich einen starken inneren Zug und ich versank in noch tiefere Meditation. Kur danach rief mir eine Schwester zu, dass ich Besuch habe. Ich ging hin um zu schauen wer das sein könne, und es war einer meiner Freunde. Ich war so voll von Licht, dass ich ziellos hin und her ging, so berauscht, dass ich mich dann neben ihn setzte und mich länger als zwei Stunden mit ihm űber den Meister und den Weg unterhielt. Irgendwann schaute er auf seine Uhr und war űberrascht wieviel Zeit verstrichen war. Er meinte, dass er die Zeit völlig vergessen habe und es ihm wie fűnf Minuten vorgekommen wäre. An diesem Abend nahm ich ein aussergewöhnliches Phänomen war: ich geriet in einen Bewusstseinszustand in dem alles was mir in den Kopf kam, die reine Wahrheit war, reines Gold, ohne Platz fűr Betrug, Falschheit oder Täuschung. Es war eine einzigartige, nie gekannte grosse Erfahrung durch die ich verstehen konnte, dass alles vom jeweiligen Bewusstseinszustand abhängt und dass wenn dieser auf der Ebene der Wahrheit verankert ist, unsere Gedanken vollständig transformiert werden, um in Einklang mit dieser Ebene zu schwingen. Eine derartige Erfahrung zu machen gleicht der Bestätigung, dass es eine Ebene ewiger und absoluter Wahrheit gibt, und wenn wir dort eingelassen werden, wird alles zu einer Widerspiegelung der Wahrheit selbst. Die Realität ist etwas sehr Formbares und verändert sich entsprechend unsereres Bewusstseins. Wenn wir in totaler Identifikation mit der Wahrheit in uns leben, wird die äussere Welt so wie unser innerer Bewusstseinszustand. Alles was um uns herum passiert, der ganze Lebensfluss, wird von diesem inneren Kern angetrieben, dem Zentrum der Existenz.

Eines Spätnachmittags, ein paar Tage vor meiner Entlassung meditierte ich auf dem üblichen Liegestuhl, den jeder, der im Garten daran vorbeiging, sehen konnte. Zwei Frauen gingen vorüber und ich hörte wie die eine zur anderen sagte: „Heh, schau dir doch diesen Knaben dort an! So sitzt er schon fünf Monate lang dort!" Sie hatte mich wohl regelmässig im Vorbeigehen dort meditieren sehen. Ich amüsierte mich sehr und lachte.

Wenn Wasser aus dem Meer verdunstet

Wenn das Meereswasser verdunstet, nimmt es nicht einmal das Salz mit, mit welchem es so eng verbunden war.

Wenn die Seele sich in den inneren Himmel erhebt, sollte sie den Körper hinter sich lassen, mit dem sie sich identifiziert hatte ganz und gar.

Wenn die Blumen destilliert werden, bleibt das reine Pflänzenöl übrig, die Blüten werden nutzlos und können das Auge nicht mehr ergötzen.

Gestern Abend gab es einen wunderbaren Sonnenuntergang. Die Farben des Feuers bedeckten den Horizont, Abbilder einer inneren Welt unvergleichlicher Schönheit die Augen benetzen.

Die Sonne, die diese Magie erschuf, muss für die Augen dieser Welt untergehen.

Was für uns ein Sonnenuntergang ist, aber andere als Morgendämmerung sehen.

Sonnenuntergang und Sonnenaufgang, Tod und Wiedergeburt, die erhebensten Momente-

Das vergängliche Leben begegnet dem Zeitlosen, oh grenzenloser Raum, Oh Land Gottes, der Reise Ende.

Auf den Schwingen der Liebe fliege du meine Leidenschaft,

begierig, in der dünnen Luft grosser Höhen zu verdunsten dank Seiner Kraft.

DAS ZWEITE TREFFEN MIT DEM MEISTER

In der Hälfte meines Sanatoriumaufenthaltes erhielt ich eines Tages einen Anruf des italienischen Satsangleiters, der mich darüber informierte, dass der Meister alle westlichen Schűler eingeladen habe, an einer von ihm organisierten Konferenz , betitelt „Konferenz zur Einheit des Menschen" teilzunehmen. Sie wűrde ihren Hőhepunkte mit dem achtzigsten Geburtstag des Meisters erreichen. Das war zweifellos eine grosse Sache...und wer weiss..vielleicht ein Abschied vom Meister!

Als ich von der letzten Vermutung hőrte, begann ich zu zittern. Nach Gesprächsende eilte ich in den dichten Wald, wo mich niemand sehen konnte und brach in Weinkrämpfe aus. Der Gedanke, den Meister so früh zu verlieren war so grausam, dass ich jedes andere Unglűck vorgezogen hätte und ich betete wie verrűckt darum, dass dies nicht zuträfe. Wie konnte ich nun ablehnen dorthin zu reisen, selbst wenn ich rollen műsste, wűrde ich es tun. Ich unterzeichnete ein Revers der Verwaltung, übernahm alle Verantwortung für meinen Krankheitsfall und am Tag vor dem Abflug nach Indien wurde ich aus dem Krankenhaus entlassen und fuhr nach Haus.

Als der Morgen der Abeise kam, trafen wir uns am Flughafen (wir waren fűnfzig Initierte), unsere Freude liess sich nicht im Zaum halten und die Atmosphäre war mit der spirituellen Gegenwart des Meisters unter uns geladen. Der Flug war wunderschön; ich wűrde mich mit diesem majestätischen Heiligen wieder von Angesicht zu Angesicht gegenübersehen – und nur der Gedanke daran lähmte die Regungen des Geműts.

In Delhi gelandet, war die Wahrnehmung spiritueller Energie so stark, während wir auf den Zoll warteten, dass viele von uns sich zum meditieren niederliessen, eben hier und da. Auf der Fahrt zum Ashram stand ich neben mir; das Bedűrfnis ihn zu treffen, war unaufhaltbar geworden. Wir kamen in seinen Ashram, begrűsst von hunderten lächelnder Gesichter und jenen, die sich schon vor dem Haus des Meisters zur Morgenmeditation mit ihm versammelt hatten.

In dieses gesegnete Haus zu kommen, in dem ich nur neun Monate vorher das wertvolle Geschenk der Initiation bekommen hatte (es war Ende Januar 1974), erschien mir wie die Erfüllung eines Traumes.So oft hatte ich mich gefragt, ob ich ich ihn jemals wiedertreffen wűrde und nun geschah dies schon so bald! Wir warteten eine Weile bis der Meister erschien (ich wusste von welcher Seite er kommen wűrde und so hielt ich meinen Blick dorthin gerichtet). Kurz darauf kam und an diesem Morgen war ich erneut von seinem Anblick überrascht. Als ich ihm das letzte Mal begegnet war, waren sein Gesicht und Bart immer voll goldenen Lichts gewesen, aber dieses Mal erschien sein Gesicht und sein Bart in einem blauen Licht gefärbt. Ich hatte fast Mühe, ihn zu erkennen, aber es war eine solche Freunde! Er fragte uns, wie die Reise gewesen sei und wie wir uns fühlten. Nach kurzer Zeit stand er auf, stellte sich an eine Stelle und wir alle gingen an ihm vorbei, um Blicke auszutauschen und seinen Segen zu empfangen. Ich war so gefangen von dieser Gnade und ausser mir (die Seele zurückgezogen vom Körper), dass ich später, als ich meine Schuhe aufnahmen wollte, die draussen vor dem Tor standen, fast der Nase lang zu Boden stürzte.

Später sah ich ihn beim Morgensatsang wieder. Es war Sonntag und im Ashram waren mindestens zehntausend Menschen versammelt, wenn nicht mehr. Ich kann nicht beschreiben, in was für einem unglaublichen Zustand spiritueller Erhabenheit ich mich befand, so voller Intensität und Kraft, dass nur die eigene Erfahrung davon einen wirklichen Eindruck vermitteln kann. Es begann als ich ankam und verliess mich die ganze Zeit dort nicht mehr, sogar nach meine Rückkehr fand es kein Ende, sondern hielt weiter an. Die Wahrnehmung der Meisterkraft und Gotteskraft war so stark, dass es so oft einem Elektroschock gleich kam. Es war so als ob der Ashram und all die anwesenden Menschen auf eine andere Bewusstseinsebene erhoben worden waren, voll von göttlichem Licht und Kraft.

Morgens standen wir um vier Uhr auf, um bis acht Uhr zu meditieren, von 8:30 bis 12 Uhr meditierten wir zusammen in der Meditationshalle (wir war ungefähr fünfhundert Westler). Der Meister kam um neun, sprach einige liebevolle Worte und gab uns Tipps, wie wir den grössten Nutzen aus unseren Meditationen ziehen könnten. Dann ging er wieder hinaus, um Menschengruppen zu treffen und zu segnen, die an diesen Tagen fortwährend im Ashram eintrafen. Wir meditierten dann alleine weiter für zwei bis drei Stunden. Am Nachmittag trafen wir uns dort um 15:30 Uhr und meditierten bis 18 Uhr, bis uns der Meister aus der Meditation holte, wie es meist der Fall war. Das alles hatte eine gewaltige Auswirkung auf uns alle, und wir verbrachten wunderschöne Tag unvorstellbarer Tiefe. ich sah alle Anwesenden in göttliches Licht getränkt und obwohl das nicht jeder wahrnahm, waren wir von einer magischen Aura grosser Intensität umgeben. Als ich bei einer Gelegenheit die Leute anschaute, sah ich, wie ein Strom aus Licht in ihren Kopf eintrat.

Der Meister war in diesen Tagen kaum zu kontaktieren, die Menschenmenge war so gross, dass man ihn selten von Angesicht zu Angesicht sehen konnte. Aber ich erinnere mich an an zwei wundervolle Gegebenheiten als mir dieses Privileg gewährt wurde. Eines Abends hatten wir lange in er Meditationshalle auf ihn gewartet, um seinen segnenden Darshan zu erhalten, als jemand hereinkam und sagte: „Dem Meister tut es sehr leid, euch mitzuteilen dass er nicht kommen kann, weil er zu beschäftigt ist." Wir waren alle sehr traurig und nach einer Weile erhob ich mich, um in mein Zimmer zu gehen. Kaum war ich herausgetreten, bemerkte ich, dass die Inder sich vor seinem Haus versammelt hatten, da sie auf ihn warteten. Ich ging hin und sah, rechts neben dem Stuhl des Meisters Virgil und Andrea (Freunde) die mir zunickten und mir bedeuteten, mich in eine Lucke vor seinem Stuhl hinzusetzen. Ich zögerte keinen Moment, und sass dort auf ihn wartend. Die Atmosphäre war wie elektrisch geladen und die Sehnsucht aller, Ihn zu sehen, strebte gen Himmel. Neben mir sass ein indischer Schüler, der ein Foto des Meisters in Händen hielt und es nicht verlieren wollte, schaut er nur gelegentlich auf, um zu schauen, ob der Meister kam und blickte dann wieder intensiv auf das Foto. Ganz plötzlich erschien der Meister so majestätisch und gewaltig, dass es schier unglaublich war. Sprungbereit wie ein Löwe, losgelöst und unbeeinflusst vom Rausch, der alle umfangen hatte. Das machte aber alle umso verrückter und die Menschen begannen buchstäblich zu toben. Er setzte sich, schaute uns mit feurigen Augen an, schaute auf den neben mir sitzenden Mann und bat ihn einen Bhajan zu singen. Er erhob sich, stellte sich vor das Mikrofon und sang mit einer solchen Inbrunst, als würde man Benzin aufs Feuer giessen. Alle waren davon verzückt, es gab auch welche, die sich nicht länger aufrecht halten konnten und auf den Rücken fielen, andere konnten sich der Trunkenheit, die sich der Versammlung der Liebenden bemächtigt hatte, nicht mehr erwehren und benahmen sich unbändig und er, der solch ein Verhalten und Durcheinander verursacht hatte, sass da wie ein davon unberührter Schankwirt, der Likör an jedermann frei ausschenkt, damit auch der letzte das Bisschen Verstand verlor, das vielleicht noch vorhanden war. Ich war so überrascht, den Meister auf diese Weise zu sehen, dass mich dies wie eine Infektion aus meiner Gemütsruhe brachte und ich wie die anderen in unkontrollierbare heftige Tränen ausbrach und den Mund dazu so weit es ging öffnete und weinte.

Im Sufitum hält man sehr viel von diesem heiligem Irresein und spricht vom berauschenden Wein, den der Meister als Mundschenk in das Glas eines jeden füllt, woraufhin alle ihren Kopf und Verstand verlieren. Sant Kirpal Singh war ein solcher Meister und sein Stil war der der grossen Sufi-Meister, die durch ihre Poesie und erhabenen Werke berühmt und beliebt in allen mystischen und spirituellen Bewegungen sind. Es heisst zum Beispiel, dass er einmal nur

Persisch lernte, um das „Masnawi" von Maulana Rumi in dessen Muttersprache lesen zu können. Hier verwendet Rumi häufig Sätze wie „Gott ist ein Meer des Berauschtseins und der Meister ist eine rollende Woge göttlicher Trunkenheit. Lasst uns ihn um ein Glas dieses berauschenden Getränks bitten. Dadurch werden nicht nur jene, die davon trinken ihren Verstand verlieren, sondern selbst die, die den Duft davon wahrnehmen."

In einer wundervollen Hymne sagt Rumi:

Werde den Heiligen ähnlich, damit du von den Freuden der Seele kosten kannst,

Betritt die Strasse der Schänke und begegne den Trunkenbolden des heiligen Weines."

Und noch einmal:

Trinke das Glas der Narrheit und schäme dich nicht,

schliesse die Augen des Fleisches, um durch das versteckte Auge zu schauen."

Das zweite Vorkommnis dieser Art ereignete sich am Morgen der Eröffnung der aussgewöhnlichen „Konferenz zur Einheit der Menschen". Diese Konferenz wurde mit einem Umzug eingeleitet, der an einem bestimmten Platz in der Innenstadt Delhis begann und sich durch die Strassen Alt-Delhis fortsetzte und an einem Hindutempel, einer Kirche, einer Moschee und einer Sikh Gurdwara vorbeikam (die Gotteshäuser der grössten Religionen in Indien) und schliesslich die Stätte der Kundgebung, den Ramlila-Platz erreichte, an dem die Konferenz stattfand.

Bevor der Kundgebungszug startete, hatten wir uns alle auf einem grossen Platz versammelt (es waren ungefähr hunderttausend Menschen). Ich bemerkte, dass an einer Stelle eine kleine Tribüne aus Holz errichtet war, auf der einige Religionsführer vor einem Mikrofon standen, um einleitende Worte zu sprechen. Unter ihnen war auch der Meister. Ich weiss nicht, wie es dazu kam, aber es gelang mir, mich durch die Menge zu schlängeln und mich zu zwei anderen italienischen Freunden direkt vor der Tribüne zu gesellen, welche nur einen halben Meter hoch war. Den Meister betrachtend, erkannte ich plötzlich, dass er zu straucheln begann und fast zu Boden fiel. Dann setzte er sich auf den Boden der Tribüne am hinteren Rand und liess seine Beine herunterhängen. Wir gingen sofort dorthin und waren nur zwei Schritt vom Meister entfernt. Aus dieser Entfernung konnte ich ihn so genau und deutlich sehen wie nur irgend möglich und stellte fest, dass er nicht stolperte, weil er krank war, sondern völlig neben sich stand und dabei war, den Kőrper im Samadhi zu verlassen. Sein liebliches Gesicht und sein ganzer heiliger Kőrper entliessen aus jeder Pore Strahlen sanften Lichts, so wie ein Nebel, der ihn ganz einhűllte. Seine schönen Augen verwandelten sich in zwei heilige Hőhlen, so wie Strudel, die mich in sich hineinsogen. Ich war so baff vor Staunen, dass ich nicht weiss, wie viele Minuten das anhielt, denn zu sehr war ich von dieser grossartigen Schau verzaubert. Dann von einem Augenblick auf den anderen hatte er sich von diesem Zustand erholt und sagte „ Macht euch auf die Socken, es hat bereits angefangen." Dies war das aussergewőhnlichste Erlebnis, was ich mit diesem grossen Heiligen hatte und es wird in meinem Gedächtnis eingeprägt bleiben so lange ich lebe. Fűr mich es es das gleiche, was die Apostel mit Christus erlebten, als sie den Berg Tabor den Ort Seiner Verklärung bestiegen. Bei diesem Vorfall legte er die Saat des Lichts in meine Seele, die zu gegebener Zeit keimen und Frucht tragen sollten.

Die Konferenz dauerte drei ganze Tage und sie war sehr erfolgreich. Leute aus der ganzen Welt eilten herbei und Teilnehmer waren Prominente sowohl der religiösen und spirituellen Welt als auch aus der Politik (auch Indira Gandhi), welche vor der grossen Menge mitreissende Reden hielten. Repräsentanten aller grossen Religionen nahmen teil: Buddhisten, Jains, Christen, Moslems und Sikhs. Alle betonten, die eingefahrenen und dogmatischen Grenzen überschreiten zu müssen, um sich auf einer gemeinsamen Ebene zu treffen, nämlich auf der des Menschseins. Der Mensch als Abbild Gottes nichts dergleichen ist, sondern nur eine verkörperte Seele ohne eine bestimmte Etikette. All die kulturellen, religiösen, politischen, religiösen und moralischen Attribute haften ihm wie kűnstliche, übermächtige Hűllen an. Die Botschaft der grossen Meister ist also: „Oh Mensch, vergiss einen Augenblick lang, dass du dies oder jenes bist. Zuallererst bist du ein Mensch, eine verkörperte Seele aus dem gleichen Stoff wie dein Schőpfer gemacht und als menschliche Wesen verehren wir alle gleichermassen unseren gemeinsamen Ursprung, den wir Gott nennen. Die verschiedenen Namen, die die Menschen dieser unsichtbaren Kraft gegeben haben, wie Gott, Allah, Rama, Krishna, Vishnu, Shiva, Buddha, Wahe Guru und so weiter, sind nur unterschiedliche Bezeichnungen, um die gleiche Substanz zu beschreiben. Das Wasser heisst auf italienisch „aqua", auf Hindi „Bani" etc., aber es ist die gleiche Substanz, welche mit diesen Bezeichnungen gemeint ist und die jeder drinken kann, um seinen Durst zu löschen.

Diese Veranstaltung war ein „Sesam-őffne-dich" und viele inspirierte sie, grosse Dinge in dieser Richtung zu vollbringen. Meister Kirpal Singh war ein grosser und wirklicher Meister und viele seiner Handlungen und Vorschläge wurden zu inspirierenden im Äther ausgelegten Saatkörnern, welche viele bekannte Persönlichkeiten aufgriffen und echte Revolutionen in unserem Zeitgeist bewirkt haben. Zum Beispiel wissen nur wenige, dass die katholische Kirche ihre ökumenischen Gespräche nach dem Treffen zwischen dem Meister und Pabst Paul VI begann, welches 1963 stattfand. Der Meister traf sich sowohl mit dem Pabst aber auch mit Mitgliedern des Vatikankonzils und konnte sie von der sofortigen Notwendigkeit der Ökumene überzeugen, insbesondere vom interreligiösen Dialog, zur bedingungslosen Akzeptanz anderer religiöser Konzepte und deren Verständnis von Gott. Die zwei grossen Gebete der Religionen, zum Weltfrieden, die von Pabst Paul VI veranstaltet wurden sind auch das Ergebnis Seiner Bemühungen.

Die Konferenz erreichte ihren Höhepunkt mit seinem achzigsten Geburtstag, und dies war das letzte Mal, dass seine grosse Familie sich so treffen konnte, um dieser grossartigen und wunderbaren Person Sant Kirpal Singh einen letzten Tribut zu zollen. An diesem Morgen versammelten sich seine Kinder eifrig im grossen Zelt morgens um vier Uhr. Der Meister kam zusammen mit Yogi Bhajan und Pir Vilayat Inayat Khan. Er selbst sagte nichts, doch Yogi Bhajan bat darum, aus diesem Anlass eine Rede halten zu dürfen. Der Meister fragte den Yogi ob der für ihn Parshad verteilen wolle und dieser stimmte freudig zu. Die ergebenen Kinder des Meisters sangen einige Bhajans und wir alle hatten so grosses Glück an dieser Gelegenheit Seines letzten Geburtstags zugegen zu sein.

Als ich an jenem Tag den Bus verliess, welcher mich vom Gelände der Konferenz zum Sawan Ashram gebracht hatte, wo wir die Nacht verbrachten, bewunderte ich die Zelte, die zu diesem Zweck von den Schülern des Meisters errichtet worden waren und in einer tiefen Einsicht wurde mir plötzlich klar, dass dies das letzte grosse Werk des Meisters war, der Abschluss Seiner Mission, denn bald würde er den Körper verlassen.

Am Tag nach der Konferenz gab der Meister 1740 Menschen die Einweihung, die grösste Einweihung in der Zeit seines grossen Auftrags. Es war einzigartig und ein unvergessliches Ereignis. Die spirituelle Kraft die an diesem Morgen das Zelt durchströmte war strahlend vor Intensität und ein unvergleichlicher Segen. Von den 1740 neuen Initierten sahen ungefähr fünfhundert in der Meditation die strahlende Form des Meisters, was bedeutet, dass sich die Gotteskraft in ihnen allen in ihrer strahlenden Form durch den menschlichen Pol offenbarte, durch die sie wirkte. Andere hatten unterschiedliche Erfahrungen von göttlichem Licht und Klang.

Nach der Konferenz verbrachten wir noch ein paar ebenso wundervolle Tage im Ashram versammelt um unseren grossen Meister., aber bald nahte der Tag der Abreise. Wir Italiener gingen zum Haus des Meisters, um ein letztes Lebewohl und seinen Darshan zu erhalten. Als ich das letzte Mal in das Haus kam, war es als ob ich auf siedendes Öl treten wűrde. Ich habe schon beschrieben, wie intensiv und machtvoll die Energie in diesem Haus sonst war, aber dieses letzte Mal war sie wie ein Schmelzofen. Es schien nicht mehr ein Haus zu sein, sondern eine heilige Grotte, das Sanctum Sanctorum, das Haus, wo der fleischgewordene Gott wohnte. Der Meister kam, hatte gute Laune und spasste auf so mannigfache Art. Er bewarf uns mit Puffreisbeutelchen als Parshad (gesegnete Speise) und bat uns uns weiterhin zu treffen und unsere Meditationen zu verrichten. Das war das letzte Mal, dass ich ihn in seinem physischen Kőrper sah.

OH GOTT HŐRE DEN SCHMERZENSSCHREI MEINER SEELE

Oh Gott hőre den Schmerzensschrei meiner Seele,

oh Kirpal hőre die Klagerufe aus meiner Kehle.

Der Meister kam herab und stillte den Durst meines Herzens,

Heute mein Herr will ich dir mein ganzes Wesen schenken,

So opfere ich dir mein Herz und dessen Schmerzen.

Nicht länger will ich Verantwortung fűr mich tragen,

Mein ganzes Leben Dir zu widmen will ich wagen.

Ich bitte Dich Herr, mit Dir vereine mich,

denn Du bist meiner Seele Licht,

Du bist die Hoffnung in meinem Herzen verborgen,

Dich will ich, nach Dir verzehre ich mich, Dich bete ich an heute und morgen.

Ohne Dich bin ich Nichts und in Deinen Augen finde ich das Leben.

Nicht das Leben des Kőrpers, aber die Essenz des Geistes eben.

Dein Naam ist mein Leben, meine Rettung ist Dein Naam.

Du bist Geist und du bist Gott, immer bist du mein Herr zu dem ich kam.

Du nahmst mich von der Welt und hast mich auf den Weg gestellt,

einen Weg gemacht aus Liebe und Symphonien fern dieser Welt.

Oh Herr ! Mach mich zu Deinem Eigen, als Teil Deines Geistes will ich Dich begleiten;

Nicht länger will ich sein; Dir allein will ich mein Leben widmen,

Dir aus meinem Herzen ein würdiges Heiligtum bereiten.

DER WEGGANG DES MEISTERS

Als ich nach Hause kam, musste ich erneut ins Krankenhaus, weil sich mein Gesundheitszustand während des Indienaufenthaltes wieder verschlechtert hatte. Im Ashram war ich von einem homőopathischen Arzt, einem Dr.Duke aus Kolumbien betreut worden, der mir ein homőopathisches Heilmittel empfohlen hatte. Offenbar hatte er nicht erkannt, wie mein Kőrper, der an die Intensivbehandlung mit Antibiotika gewöhnt war, reagieren wűrde. Es wirkte wie Gift. Auf dem ganzen Kőrper bildete sich ein unglaublicher Ausschlag wie starke Maserns und ich sah bemitleidenswert aus. Jedoch hielt ich die homőopathische Behandlung während des gesamten Indienaufenthaltes aufrecht und noch ein paar Wochen nach meiner Heimkehr. Danach bildeten sich Beulen oder wie eine generalisierte Akne auf meiner Haut, welche etwas wie ein Sandkorn auf sich trugen und meinen ganzen Kőrper wie Sandpapier aussehen liessen. Auf dem Hőhepunkt dieser Krankheit war ich davon űberzeugt, dass es vielleicht besser sei zu sterben. Meine Lage war oder schien so aussichtslos, dass der Gedanke zu sterben mir in gewisser Weise wohltat und daher wollte ich mich davon überzeugen, dass das Ende gekommen sei. Ich erinnere mich an jenen Tag, als ich meinte, dass keine Hoffnung mehr fűr mich bestűnde. Darauf befiel mich ein unglaublicher Frieden. Ich konnte jedes Detail in meinem Gemüt erkennen und erlebte eine vőllige Unabhängigkeit von allem, es war keinerlei Bindung mehr an jemanden vorhanden, keine Abneigung mehr oder ein Wunsch was ich noch hätte haben oder tun wollen – egal was. Ich war bereit zu gehen, aber es kam nicht dazu und schliesslich musste ich wieder Antibiotika nehmen, fűr drei Monate ins Sanatorium zurück gehen und als die Zeit vorbei war wurde ich entlassen. Die Erholungsphase dauerte lange. Ich war Anfang Juni entlassen worden und erst im März des Folgejahres fühlte ich mich stark genug, an die Arbeit zurűckzukehren. All diese Monate verbrachte ich zu Hause, fuhr mit der Behandlung fort und wurde regelmässig nachuntersucht.

Während dieser ganzen Zeit im Krankenhaus und weiteren Erholung fuhr ich mit meiner Meditation fort, wie ich schon berichtet hatte. Sogar zu Hause stand ich morgens um vier Uhr auf, meditierte ungefähr drei Stunden, dann weitere zwei Stunden vor dem Mittagessen und noch einmal drei Stunden am Nachmittag. Dies setzte sich über zwei Jahre so fort. Es waren zwei wundervolle Jahre, zwei Jahre, in denen ich mit so viel Gnade von meinem Gott, dem Barmherzigen (Kirpal) gesegnet wurde, was mir in meinem späteren Leben so sehr geholfen hat. Seitdem wollte ich immer noch einmal eine solche Zeit durchleben, nur der Meditation gewidmet und ohne Gedanken an etwas anderes (Ich hatte zwar viele

Meditationsretreats beim Meister und später nach seinem Tod, aber nie länger als einen Monat und ich wűnschte mir eine längere Zeit). Endlich wurde mein Gebet und mein Wunsch von Erfolg gekrőnt und im Sommer 2001 ereignete sich etwas ganz Besonders. Es war ein klarer Auftrag fűr mich, denn die Zeit war wieder reif um wieder ein langes Meditationsretreat fűr mich zu arrangieren. Seit Beginn des Jahres war es mir ein grosses Bedűrfnis, in die Tiefen meines Wesens einzutauchen, um mit dem nun gewonnenen Bewusstsein eine ähnliche Zeit wie oben beschrieben zu erleben. Ich hatte mich immer danach gesehnt und nun schien es so als kőnne es wahr werden.

Ich hatte keine klare Idee, wie ich dieses Retreat gestalten kőnnte, ob ich ganz aufhőren sollte zu arbeiten oder nur zwei Tage arbeiten und an den űbrigen Tagen meditieren sollte. Am Morgen des 3. Juli war ich gerade auf dem Weg zur Arbeit nach Siena, als ich nahe Ribolla von der őrtlichen Polizei angehalten wurde, da sie meine Fahrpapiere sehen wollten. Seit zwei Monaten hatte die den TŰV verschoben in der Annahme, dass ich danach noch Zeit genug dafűr haben wűrde. Ich hatte schon einen Termin eine Woche zuvor mit einer Werkstatt ausgemacht, welcher eigentlich einen Tag vor diesem Vorfall sein sollte, aber er meinte dann, da habe er einen Fehler gemacht, er sei wirklich an diesem Tag voll ausgebucht und ich solle Mittwoch wiederkommen.

Als ich dem Polizisten nun die Papiere gab, erwartete ich nichts Gutes. Und in der Tat, gaben sie sie mir nach fűnf Minuten zurűck und sagten, die TŰV-Prűfung sei schon sechszehn Monate überfällig. Ich war ganz überrascht, ich wusste zwar, dass der Stempel schon einige Monate nicht mehr gűltig war, aber nicht , dass es derer sechszehn waren. Als ich zwei zwei ein viertel Jahre ?zuvor diesen Wagen bei einem Fiathändler in Grosseto gekauft hatte, war ich sicher, dass die Überprűfung frisch gemacht worden war und zwei Jahre gűltig wäre. Ausserdem war ich in all diesen Monaten schon mehrere Male von der Polizei, einem Schutzmann und der Steuerpolizei angehalten worden. Niemand hatte diese Tatsache erkannt und es mich wissen lassen. Das erwiderte ich nun den Polizisten, aber sie meinten, der Fiathändler hätte mich betrogen und dass es sich so verhielte, wie sie behaupteten.Sie sprachen: „Sehen Sie Herr Carrapa, wenn es nur ein paar Monate wären, kőnnten wir ein Auge zudrűcken, aber das hier ist viel zu lange und wir dűrfen das nicht durchgehen lassen. Sie műssen nun zum TŰV nach Ribolla, den Wagen dort lassen und den Wagen erneut durch die Prűfung bringen. Wie denken aber, dass die Sache schon morgen frűh in Angriff genommen wird und Sie in wenigen Tagen den Wagen wieder abholen kőnnen.

Ich suchte den Mechaniker auf und berichtete ihm, was die Polizei gesagt hatte. Er war nicht deren Meinung und sagte, dass seiner Erfahrung nach mindestens eine Woche vergehen würde, bis ich das Prüfdokument in Empfang nehmen könnte und schlug vor, persönlich am nächsten Morgen in das Büro zu gehen, da er sicher sei, dass es dort nicht einmal ein Aufnameprotokoll gäbe.

Ich ging in aller Stille die viereinhalb Kilometer von Ribolla bis zu unserem heutigen Retreat. Als ich nach Hause kam, erzählte ich Irena, was geschehen war und telefonierte dann mit meinen Patienten, um die Termine abzusagen. Nachts zu vor hatte ich Irena schon angekündigt, dass ich vom nächsten Tag an (an diesem Morgen) regelmässig um drei Uhr aufstehen und viel länger als gewöhnlich meditieren würde und so kam es auch. Ich meditierte am Nachmittag unter der grossen Eiche an unserem Haus (wo ich im Sommer zu meditieren pflege). Sobald ich mich niedergelassen hatte, wurde mein Bewusstsein aus seinen vielen Hüllen erhoben und von dort sah ich in einer Vision in einer 360-Grad-Sicht was am Morgen geschehen war, dass dies alles von der Gotteskraft so gefügt worden war und es jetzt höchste Zeit sei, meine Aktivitäten komplett einzustellen und mein Selbst, mein Herz und meine Seele der Meditation zu widmen. Dieser Aufruf war ganz deutich, über jeden Zweifel erhaben und ich entschloss mich dem nachzukommen. Ich versprach, dass ich drei Monate lang mindestens zehn bis fünfzehn Stunden täglich meditieren würde.

Als ich mit Meditieren fertig war, ging ich hinunter ins Haus zum Abendessen. Ich berichtete das alles Irena und konnte meine Tränen nicht zurückhalten, wohl wissend was es nach sich zog. Sie erkannte sogleich den Bewusstseinswandel, der mir in der Meditation widerfahren war und wusste genau, dass das nicht eine Laune von mir, sondern eine göttliche Intervention gewesen war.

Selbst wenn ich mich hätte umentscheiden wollen, wäre das nicht möglich gewesen, denn die Meisterkraft richtete es so ein, dass es so viele Komplikationen mit dem Auto gab, die ich hier nicht zu erwähnen brauche, dass ich den Wagen selbst nach einem Monat noch nicht vom TÜV abgenommen bekam. Diese drei Monate meines Retreats nehmen eine wichtige Rolle in meinem Leben seitdem ein, denn mir wurde es gewährt, die Kraft im Innern auf so lebendige Weise zu verstehen, welche nun dieses unwürdige Werkzeug für Seine Arbeit verwendet, um den Wenigen spirituell zu helfen, die meinen Weg kreuzten. Die Zeit wird es zeigen, ob dies so zutrifft oder nicht, wir brauchen nur abwarten und es dann beurteilen.

Doch will ich mit meinem Bericht zu jenen früheren Jahren in Mailand zurückkehren: Zu Hause zu bleiben war viel einfacher als im Sanatorium zu verweilen. Da nur ich, Virgil und unsere Mutter übrig waren (denn meine Schwester hatte geheiratet), war die Atmosphäre sehr friedlich. Sogar Virgil nahm an der Meditation teil und folgte in der Zeit als ich mich zu Hause erholte, meinem Tagesabaluf, so weit es ihm möglich war.

Jetzt konnte ich auch den Satsang besuchen, der in Mailand zweimal in der Woche stattfand, was mir im Sanatorium nicht möglich gewesen war, und auch das stellte eine grosse Hilfe dar. Für mich war der Satsang, also die Meditation mit den anderen Initierten, die vom Meister geschriebenen Hymnen zu singen und seinen vorgelesenen oder auf Band aufgenommenen Worten zu lauschen immer sehr angenehm und ich habe immer eine grosse Inspiration und Vorteil daraus ziehen können (heutzutage gibt es ja auch Videos).

Wenn ich den Satsang besuchte, erkannte ich, dass es den meisten anderen Initierten nicht so leicht viel, dem Weg zu folgen, und tatsächlich hatten die meisten Schwierigekeiten damit, regelmässig zu meditieren oder andere Aspekte der Lehren des Meisters umzusetzen. Wenn ich Äusserungen horte wie „Oh, der Weg ist doch nicht so leicht!" war ich überrascht, denn für mich gab es durch Seine Gnade nichts Leichteres und Erfreulicheres.

Eines Sonntags abends, ich glaube es war der 22. oder 23. August 1974, ging ich wie gewöhnlich zum Satsang und zum Schluss sagte der Gruppenleiter: „Es tut mir leid euch mitzuteilen zu müssen, dass der Meister Kirpal Singh am Abend des 21. August in den Mahasamadhi eingetreten ist ("das endgültige Verlassen des Körpers eines Meisters. Augenblicklich entstand in dem Raum eine grosse Unruhe. Es waren ungefähr zwanzig Menschen und alle brachen in Tränen aus, weinend for Verzweiflung. Es war ein unvergesslicher Abend voll von Schmerz und Trauer. Ich war an diesen Körper so gewöhnt, Seine besondere Art und Weise, wie er sich bewegte, seine Gesten, seine weittragende Stimme, die so tief war wie das Meer, seine feurigen Blicke, seine Augen voller Licht, dass der Gedanken ihn nicht mehr wiederzusehen, mir das Herz zerriss. Alles hatte ich zu seinen heiligen Füssen erhalten. Er hatte mir sprichwörtlich das Leben gerettet und mich aus einer hoffnungslosen Lage zu einem erhabenen Zustand befreit. Was jetzt? Wo könnte ich je wieder den gleichen Frieden, das gleiche Licht, den gleichen ausserordentlichen Aufschwung erleben, den ich immer in seiner Gegenwart wahrgenommen hatte?

In der ersten Woche nach diesem schicksalshaften Tage litt ich dermassen! Es schien, als ob ich von einer Welle unaussprechlichen Grams erfasst wurde, eine schreckliche Schwere stellt sich ein. Dann begann ich zu hoffen, er habe einen Nachfolger bestimmt, aber als der Gruppenleiter aus Indien zurückkam (er war der Einzige, der an der Bestattungsfeier teilnahm), kündigte er an, dass der Meister keinen Nachfolger benannt habe, jedenfalls hatte er so etwas nicht öffentlich bekannt gegeben oder ein Testament hinterlassen, dass dieser oder jener sein Nachfolger sei. Das hatte eine zusätzliche Verzweiflung und Verwirrung zur Folge.

Damals wurde eine englische Zeitschrift mit dem Titel „Sat Sandesh" (die Botschaft der Heiligen) herausgegeben, welche ich abonniert hatte. Ich konnte nicht gut Englisch, aber in der Zeit meiner Rekonvaleszenz hatte ich einen Kassettenkurs gemacht und begann gerade ein wenig davon zu verstehen. In der Oktoberausgabe dieses Jahres wurde ein Artikel veröffentlicht, verfasst vom Kanadischen Repräsentanten des Meisters, Arran Stephens, mit dem Titel „Eine Chance".

In diesem Artikel berichtete der Verfasser von einem Treffen mit einem gewissen Ajaib Singh, einem Initierten des Meisters, der in einer abgelegenen Gegend Rajasthans wohnte. Im Sawan Ashram hatte ihm ein Mann gesagt, dass Ajaib Singh zur Verbrennungszeremonie des Meisters zugegen war und als er ihn in sein Zimmer gebeten hatte und mit ihm redete, sah er seine Augen sich in die von Meister Kirpal Singh verwandeln. Als Arran von dieser Besonderheit erfuhr, nahm er sich vor, Ajaib Singh zu besuchen, um ihn danach zu fragen, ob der Meister ihm die Fortführung seiner Mission übertragen habe und ob er nach Ihm die Einweihung gebe. Ausserdem kannte Arran Stephens (wie dieser später angab) Ajaib Singh bereits, denn er nahm an der Rajasthanreise mit dem Meister 1966 teil, als Ajaib Singh die Initiation erhielt. Es heisst, der Meister habe eine Gruppe von Schülern eingeweiht und sei dann in ein anderes Zimmer gegangen um dort Ajaib Singh separat zu initieren, dass er ihm die fünf Namen ohne weitere Erklärung gegeben habe, um ihn dann in die Meditation zu setzen. Nach der Meditation hatte Ajaib Singh angegeben, den Meister und seinen Meister (Hazur Baba Sawan Singh) gesehen zu haben und weit nach Innen erhoben worden zu sein.

Er konnte Ajaib Singh dann im Dorf Satatararbi wiederfinden und als er ihm gegenübersass, stellte er ihm diverse Fragen, deren Antworten im besagten

Artikel wiedergegeben sind. Unter anderem fragte er, ob der Meister ihm die Aufgabe, die Naam-Initiation (auf das Wort Gottes, das innere Licht und den inneren Klang) anvertraut habe und dieser bejahte es; Meister habe ihm diese Aufgabe gegeben, aber er habe keinen Wunsch Guru oder Meister zu sein und da er einen tiefen Schmerz wegen des Weggangs des Meisters empfinde, wolle er allein sein und weiter trauern.

Obwohl Ajaib Singh kein Guru sein wollte und die Geschichte etwas surreal anmutete, wobei mein Englisch nur bruchstückhaft, empfand ich beim Lesen des Berichtes eine Hoffnung, eine Chance. Es vergingen aber Monate sogar bis Ende 1975 und wir hörten kein Sterbenswörtchen mehr über Ajaib Singh. Das Einzige, was wir von ihm wussten war, dass er nach dem Besuch durch Arran Stephens wie vom Erdboden verschluckt war.

ES SCHEINT DASS WIR SIND WIE ÄTHER UND RAUM BESITZLOS SIND

Es scheint, dass wir wie Äther oder Raum besitzlos sind,

was Gott auch schickt, nimmt er ohne Widerrede an.

Heute noch bewegt sich kein Grashalm, die Sonne scheint und erwärmt das Herz gelind.

Die Blumen im Garten wetteifern um ihre Schönheit und nehmen uns in Bann.

Die Vögel singen gesegnete Weisen, harmonischer als ein Konzert ist ihr Chor.

Morgen schon weht ein kalter Wind, der die Glieder lähmt

und jede Bewegung fällt schwer.

Er ist scharf wie eine Klinge und will jedes Lebewesen töten in Wald und Moor.

Gnadenlos schaut er nicht um sich und nimmt seinen Lauf mehr und mehr.

Nun ist der arme Raum von einem so grossen Sturm erfüllt,

der sogar die mächtigen Eichen entwurzelt.

Er fährt ins Buschwerk, Bäume biegen sich

als wären sie Grashalme von noch grösseren niedergemäht.

Am nächsten Tag legt sich der Wind wie durch Magie,

die Dämmerung ist rosig wie ein Lotus.

Ein Tag voller Harmonie und Frieden erscheint. Die Natur singt und die Luft füllt sich mit Freude, kein Sturm mehr weht.

Alles ist in einen Frieden eingehüllt, welcher nicht von dieser Welt .

und man fragt sich woher diese grosse Schönheit rührt.

Wer weiss, was das Morgen bringt, welche Art Wind Gott schicken wird,

und den Raum dann gefangen hält,

Der demütig und ergeben annehmen muss, wohin ihn das Schicksal führt.

Am leidenschaftslosen Betrachter geht die Show vorbei,

Die gerade die Bühne betritt, es kann ihm sein einerlei.

ZURŰCK IN INDIEN

Im Januar 1976 wurde ich davon informiert, dass ein Initierter des Meisters namens Thakar Singh vom Sawan Ashram gebeten worden war, die Rolle des Meisters zu übernehmen und dass bereits einige Menschen von ihm auf den heiligen Pfad der Meister eingeweiht worden seien. Bis dahin hatte ich ich nie den Drang verspűrt nach Indien zurűckzukehren, es sei denn, um die Orte an denen mein Meister gelebt und wo ich ihn getroffen hatte zu besuchen. Aber nun war es anders. Ich konnte keine Ruhe finden, bis ich das Ticket gekauft hatte. Alles war positiv und zeigt mir auf, dass ich reisen sollte. Fast ein Jahr arbeitete ich wieder, diesmal in einer psychiatrischen Klinik, und als ich nachfragte, gab mir die Verwaltung vorbehaltlos sechs Wochen lang frei, um nach Indien zu reisen. Diesmal fuhr ich aber allein dorthin, nicht so wie das erste Mal im März 1973, aber es war wieder März. Der damalige italienische Gruppenbeauftragte war sehr gegen jeden indischen Nachfolger des Meisters eingenommen und hatte in den italienischen Satsangis ein Schreckensbild erzeugt, dass wir in Indien ganz sicher von einem falschen Nachfolger getäuscht werden wűrden. Als er also davon erfuhr, dass ich dorthin wollte, nahm er unfaire Mittel zur Hand, um mich einzuschűchtern, indem ich ganz sicher einem Irrtum unterliege. Für mich war das wie eine krankhafte Phobie und ich konnte die dicke Luft, die nun unter den italienischen Initierten herrschte, nicht mehr atmen. Daher wollte ich das Eis brechen, gegen den Strom schwimmen, mich selbst von jeder Mőglichkeit überzeugen, frei von Ängsten und Wahnvorstellungen.

Damit stand ich jedoch allein; andere brachten entweder nicht den Mut auf oder empfanden keine Notwendigkeit dazu. Als ich von Fiumicino abflog, welches mich nach Indien bringen sollte, schien ein eiserner Vorhang zerrissen zu werden, ein Mythos zerfiel und ich erkannte, dass ich wieder allein in dieses Abenteuer geraten war. Es ist ganz interessant, dass ich die allerwichtigsten Dinge in meinem Leben allein tun musste und oftmals musste ich auch von Neuem beginnen.

Ja, ich war allein, aber ich hatte die absolute Sicherheit, dass der Meister an meiner Seite stand und ich angeleitet werden wűrde, richtig zu entscheiden. Als ich das allererste Mal den Meister traf, hatte ich eine solch eindeutige und greifbare innere Erfahrung, dass es nicht den kleinsten Raum für die Frage gab, ob er der Meister sei. Ich wűrde seinen Nachfolger nur akzeptieren, wenn ich das Gleiche empfände.

Nach einem Direktflug von nur sieben Stunden landete ich morgens um vier Uhr in Delhi. Ich ging durch den Flughafen so wie vor zwei Jahren und wiederum reiste ich mit dem Flugzeug zum Meister, aber nicht einmal einen Abglanz der damaligen Ausstrahlung und der inneren Einkehr verspürte ich nun. Ich nahm ein Taxi und begab mich auf die lange Fahrt vom Flughafen bis zum Sawan Ashram, auf der sich nichts Besonderes ereignete. Im Ashram war es stockdunkel. Ich ging zum Haus des Meisters, das für mich immer das heiligste Gebäude auf dieser Erde war, und ich empfand es so leer und verlassen. Der ganze Ashram schien ein verlassener und karger Ort zu sein, ein Schlachtfeld auf dem die Opfergabe abgebrannt war, nichts war aus jener intensiven schönen Zeit zurückgeblieben. Ich fühlte mich ein wenig orientierungslos.

Der Eingang war verschlossen und wartete auf jemanden, der aufwachen und von mir Notiz nehmen würde. Bald stand ein Mann dort auf und bemerkte mich, brachte mich ins Gästehaus und vertraute mich einem deutschen Jungen, namens Gobind Singh an. Es war ungefähr halb fünf Uhr morgens und dieser begrüsste mich herzlich und wies mir ein Bett in seinem Zimmer zu. Ich wurde gefragt wie und woher ich käme, wie die Lage im italienischen Sangat sei und so fort. Zu diesem Zeitpunkt war ich davon überzeugt, dass der neue Meister vielleicht nicht im Ashram anwesend war, dass er auf Reisen war, aber der Junge sprach nach den einleitenden Informationen: „Nun der neue Meister muss hier erscheinen. In einer halben Stunde wird es eine einstündige Meditationssitzung mit ihm geben und du kannst dann mit ihm sprechen." Ich war überrascht! Ich hatte erwartet, dass er vielleicht in einigen Tagen kommen würde, aber nein, ich konnte sogar mit ihm sprechen, selbst wenn ich Seine Gegenwart nicht im Geringsten wahrnehmen konnte.

Um sechs Uhr führte mich der Junge zu einem nahegelegenen, auch im Gästehaus befindlichen Raum und stellte mich vor: „Dies ist ein gerade aus Italien angekommener Bruder." In diesem Zimmer befanden sich ein Dutzend Westler (fast alle waren Deutsche) und auf einem Bett sass ein ungefähr fünfzig Jahre alter Mann mit einem langen grauen Bart, mit einem weissen Turban und in weiss gekleidet. Er öffnete seine Arme und gab mir so zu verstehen, dass er mich umarmen wolle, was mir nichts ausmachte. Ich nahm auf dem Teppich bei den anderen Platz und er fragte mich, ob ich müde sei und ob ich daran dächte mit ihnen zusammen zu meditieren. Ich antwortete, dass ich mit ihnen meditieren wolle und mich hinterher ausruhen würde. Er hielt eine kurze Rede, worüber, das weiss ich nicht mehr, und ich beobachtete ihn genau. Er war gewiss ein stattlicher Mann, ein Sikh so wie mein Meister, und er sprach ein ganz passables

Englisch, so dass ich ihn ziemlich gut verstehen konnte, denn ich hatte vor meinem Abflug noch einen Crashkurs genommen. Ich verstand, was er sagte, ich konnte auch mit ihm reden und mich verständlich machen, aber eine Art der Kommunikation von Herz zu Herz, die ich mit meinem Herrn und meinem Meister gepflegt hatte, eine averbale Verständigung von Auge zu Auge, davon sah ich nicht einmal einen Schatten. Wir meditierten und es war ganz nett, aber ohne Unterschied zu einer Meditation in der Gruppe von Initierten. Nach der Meditation fragte er uns, was wir gesehen hätten und freute sich über meine eigene Erfahrung.

Morgens und abends meditierte ich mit ihnen über einige Tage, ich hörte seinen Worten zu, meist Antworten auf Fragen von Schülern aus dem Westen, auch meditierte ich zusätzlich tagsüber in meinem Zimmer und versuchte den grössten Nutzen aus dieser Erfahrung zu ziehen.

Nach ein paar Tagen bat ich ihn um ein Privatgespräch und er stimmte zu: „Wenn ich etwas freie Zeit habe, rufe ich dich." Nach wenigen Tagen wurde ich morgens zu ihm gerufen und in der Gegenwart eines deutschen Mädchens führten wir ein Gespräch. Ich erklärte, wie es in Italien sei und fragte ob der Meister ihm noch zu Lebzeiten den Auftrag gegeben habe und wie sich das ereignet habe. Er antwortete, dass er sich nach dem Tod des Meisters intensiv der Meditation gewidmet habe, obwohl der weiter arbeiten musste und einmal eine Vision hatte, in der ihm der Meister sagte, dass er hier im Sawan Ashram sein Werk fortführen solle, und er berichtete noch über andere Erfahrungen dieser Art. Er gab an, er sei der einzige Nachfolger des Meisters und jeder der so etwas von sich behaupte sei von Kal, der nagativen Kraft, irregeführt. Er fuhr fort, dass ich Tonbandaufnahmen seiner öffentlichen Vorträge nach Italien mitnehmen, den italienischen Initierten vorspielen und den Satsang in seinem Namen abhalten solle.

Als ich ihn die letzten Worte aussprechen hörte, zuckte ich im Innern zusammen und als Antwort brach aus mir heraus: „Schau, als ich hierher kam und dem Meister begegnete, hatte ich meine Erfahrungen mit ihm, nun muss ich abwarten, was sich tut." Er akzeptierte meine Ehrlichkeit und sprach: Nun, du bist in deines Vaters Haus, fühle dich wie zu Hause und wir werden sehen."

Unter den Westlern war auch ein Ecuadorianer namens Arturo und wir freundeten uns an, und verbrachten viele Stunden miteinander, indem wir über verschiedene Erlebnisse aus seinem und meinem Leben sprache, die sich nach dem Tod Meister Kirpals ereignet hatten. Auch er was nicht davon überzeugt, dass sein Schicksal mit dem Thakar Singhs verknüpft sei und so beschlossen wir, für eine Woche nach Dera Dhun zu fahren, dem anderen Zentrum des Meisters, wo ich ihn zuerst getroffen hatte, den Ort an welchen ich unvergleichlich schöne Erinnerungen hatte. (siehe Kapitel IV). Thakar Singh musste auch zu sich nach Haus zurück wegen irgendwelcher Angelegenheiten und kam erst eine Woche später in den Sawan Ashrram zurück. Dort würden wir ihn wiedersehen.

Die Fahrt nach Dera Dhun war angenehm. Wir kamen nachmittags an und der Bus setzte uns vor dem Manav Kendra ab. Wir wurden begeistert von den Bewohnern begrüsst und beköstigt. Während des Essens dachte ich an meine erste Begegnung mit dem Meister an diesem Ort, an das erhabene Bewusstsein, was mir dort vermittelt wurde und an die absolute Gewöhnlichkeit meines heutigen Besuches. Es war für mich so wie für jemanden, der normalerweise schmuck und modisch gekleidet ist, immer in einer schönen Villa gewohnt hat und urplötzlich in Armut versinkt, zerrissene, fleckige Kleidung trägt und einen Verschlag in dem er lebt. Es ist schwer meine unterschiedlichen Ebenen des Bewusstseins damals und als ich dem Meister dort begegnet war, mit Metaphern und Beispielen zu beschreiben.

Die Ortsvorsteher fragten uns, ob wir einen selbstlosen Dienst für den Ashram leisten könnten und das Arturo von Beruf aus Maler war, schlugen wir vor, die Malereien rund um den Mansarovar zu restaurieren. Der Mansarovar ist ein grosses ovales Wasserbecken, das der Meister vor seinem Haus errichten liess und es symbolisiert einen anderen solchen See in der dritten spirituellen Ebene „Daswan Dwar". Es heisst, wenn die Seele diese Ebene erreicht, kann sie in diesem See von Nektar baden und wird von allen Unreinheiten und den karmischen Bindungen frei, wodurch sie zu einer reinen und leuchtenden Seele wird.

Um diesen irdischen See im Ashram hatte der Meister grosse Malereien auf Metallplatten setzen lassen, die verschiedene grosse Heiligen aller Relgionen repräsentierten: Kabir, Guru Nanak, Mahavira, Buddha, Mohammed, Christus, Ramakrishna, Vivekananda und so weiter. Unsere Aufgabe bestand darin, die alte, jetzt verblichene und abgeblätterte Farbe zu erneuern.

Diese Arbeit machte Spass, und wir widmeten uns dem mehr als man von uns erwartet hatte, aber auch hier wurde es mir klar, dass zwischen mir und Thakar Singh Freundschaft, ein brüderlicher Respekt, aber nicht mehr stattfinden würde. Wir blieben daher drei Wochen im Manav Kendra und als wir in den Ashram in Delhi zurückkamen, war es auch an der Zeit wieder nach Italien zu fliegen.

Einmal während meines Aufenthaltes im Manav Kendra war auch Thakar Singh für zwei Tage dort, an welchen er Meditationssitzungen und Satsangs abhielt., aber ich nachm nicht daran teil. Sogar im Sawan Ashram, in dem ich noch eine Woche auf den Rückflug wartete, besuchte ich keines seiner Treffen mehr, sondern blieb in meinem Zimmer. Eine Tages rief er mich und fragte mich in Gegenwart all der anderen: „wie geht es dir" Du bist lange im Manav Kendra gewesen. Auch ich war dort und habe dich einmal vorbeigehen sehen." Ich sah ihn an und fand keine Worte um zu beschreiben, wie es sich verhielt und so nickte ich nur zu jeder seiner Feststellungen.

Mein Erlebnis mit Thakar Singh war sehr schwierig und belastend für mich, nicht weil er Fehler hatte, er war und ist, was er ist, sondern mich warf die Tatsache, dass ich nicht mehr den inneren Glanz und die Ganzheit vergangener Tage mit dem Meister in einen inneren Zustand unheimlicher Erschöpfung zurück. Ausserdem machten mich die verschiedenen Geschichten, die mir Arturo über Vorfälle, die sich zwischen den Initierten des Meisters nach seinem Tod sowohl in Indien als auch in den beiden Amerikas ereignet hatten so krank, dass ich mich fast erbrechen musste (viele Gruppierungen, furchtbarer Streit, Gerichtsverfahren an welche Gruppe welcher Ashram des Meisters fallen sollte und so weiter). Nur von einer erfreulichen Sache berichtete mir Arturo, nämlich dass vor meiner Ankunft im Sawan Ashram auch Russell Perkins für eine Stippvisite hier gewesen war. Er war der Herausgeber des Sat Sandesh, der englischen Zeitschrift des Meisters und Leiter eines grossen Zentrums oder Ashrams, das der Meister in New Hampshire 1963 gegründet hatte. Russell hatte sich im Sawan Ashram ein paar Stunden aufgehalten und sich mit jemandem über seinen Besuch bei Ajaib Singh in Rajasthan unterhalten und seine Überzeugung geäussert, dass Ajaib Singh ein wahrer Heiliger und der Nachfolger des Meisters sei.

Dies wahr vielleicht der einzige Funken Hoffnung, der mich in den Folgemonaten am Leben hielt. Und in der Tat, die Monate nach meiner Rückkehr nach Italien nach 1976 stellten meinen schwierigsten Lebensabschnitt dar. Ich hörte auf, den Satsang in Italien zu besuchen wegen der Zwistigkeiten zwischen den italienischen Initierten, die mich sehr mitnahmen und es wurde deutlich, dass der Gruppenleiter jeden Bewerber um die Nachfolge auszumanövrieren, denn er wollte unbedingt selbst diese Rolle (der Meisterschaft) übernehmen, während ich nicht die mindeste Verbindung oder innere Verwandtschaft zu ihm fühlte. Selbst heute, kann ich klar erkennen, dass er sich durchsetzen wollte und das Schicksal seines Lebens formalisierte. Ich klage ihn nicht an, aber ich kőnnte mich mit seiner Geschichte in keiner Weise identifizieren. Was sollte ich nur tun?

Im Juli jenes Jahres veroffentlichte Russell Perkins die Anmerkung im Sat Sandesh, dass eine andere Zeitschrift namens „Sant Bani" erscheinen wűrde, in der die Botschaft Sant Ajaib Singh den westlichen Schűlern von Sant Kirpal Singh nahegebracht werden sollte. Obwohl die ganzen Geschichten, die ich eben erwähnt habe, mich fast die Hoffnung verlieren liessen, den Meister auf der physischen Ebene wiederzufinden, bat ich darum, mir die neue Zeitschrift zuzusenden.

Einige Monate vergingen, doch als ich keine Spur des „Sant Bani" sah, vermutete ich, dass Russell seine Meinung geändert, und das Projekt fallen gelassen habe. Als Virgil und ich im Dezember abends von der Arbeit kamen und in den Briefkasten schauten, erkannten wir dort einen Umschlag ähnlichdem, der früher das „Sat Sandesh" enthalten hatte und so dachten wir, dass eben diese Zeitschrift wieder gekommen sei. Wir gingen ins Haus und öffneten den Umschlag und ich erkannte, das es nicht das „Sat Sandesh" sondern das „Sant Bani" war. Auf dem Titelblatt befand sich ein schönes Bild von Ajaib Singh, der auf einem Stuhl sass, braungefärbte Kleidung trug du eine runden Kaffeetisch vor sich hatte. Dieses erste Bild beeindruckte mich sehr. Sein Gesicht ähnelte sehr dem des Meisters und sein konzentrierter, kraftvoller Blick übertrug mir etwas, von einem Blick, den ich bereits kannte. Es gab weitere grossartige Fotos, die wir sehr liebten und die wir mit Begeisterung und Interesse betrachteten. Dann setzten wir uns zum Abendessen und ich begann eine Botschaft vorzulesen, adressiert an die westlichen Schűler. Schon das Sehen der Bilder hatte eine grosse Energie im Raum hervorgerufen, als ich seine Worte las, war es so wie wenn ein starker Wind mit Getőse in ein Zimmer fährt. Der Raum wurde augenblicklich von der Gegenwart der einzigartigen Meisterkraft eingenommen und wir beide erfuhren eine innere Ganzheit und einen Rauschzustand, den wir lange nicht empfunden hatten.

Am nächsten Tag gingen wir nach Mailands zum Haus eines Initierten des Meisters namens Romeo und nahmen diese Zeitschrift mit. Wir zeigten ihm das Foto und auch er mochte es sehr. Ich las etwas vor, was Ajaib Singh gesagt hatte und ihm gefiel das umso mehr. Danach trafen wir uns mit weiteren Initierten, die nicht mehr den ersten Satsang besuchten: Andrea, Lorenzo, Oswaldo und ihnen allen zeigten wir die Zeitschrit und alle nahmen sich Seine Botschft zu Herzen, liebten seine Gestalt und besonders sein Gesicht.

Virgil war der erste, der nach Rajasthan wollte, dann wollten auch Romeo, Andrea, Oswaldo und Lorenzo nicht zurückstehen. Ich aber war sehr vorsichtig mich so schnell wieder in ein anderes Abenteuer einzulassen; so leicht von etwas überzeugt zu sein und dann vielleicht eine weitere Enttäuschung zu erleben wie diese grausame auf meiner letzten Reise. Auch war ich Anfang Mai erst aus Indien wiedergekommen und schon Anfang Januar 1977, nur acht Monate später schlugen sie eine erneute Fahrt dorthin vor. Nein ich konnte nicht so sorglos sein und lehnte ab, lehnte es ab,weil – ich muss es zugeben- die Anziehung durch diese Person war so stark und entsprang meinem Herzen, nicht der Vernunft. Immer wenn wir uns zwanglos trafen und Ajaib Singh zum Thema wurde oder wir ein paar Zeilen von ihm vorlasen, entstand eine immense Energie. Wir erlebten Zustände äussersten Wohlgefühls und Berauschung, so dass wir zu hoffen begannen, dass er wirklich unser Nachfolger des Meisters sei.

Irgendwann entschlossen sich alls sechs, eine regelmässigen Satsang abzuhalten, in dem wir eine Reihe von Fragen und Antworten zwischen Ajaib Singh und ein paar amerikanischen Schülern Meister Kirpals lasen, die ihn in Rajasthan besucht hatten. Da ich der einzige war, der Englisch lesen und sprechen konnte, musste ich sowohl lesen als auch simultan übersetzen. Dieser Satsang hatte eine gewaltige Wirkung auf uns alle. Er offenbarte eine sehr starke Energie, eine aussergewöhnliche göttliche Gegenwart, eine solche Trunkenheit, dass wir alle am Schluss des Satsangs so benommen davon waren, dass wir kaum mehr etwas essen konnten. Es war wie in alten Zeiten, als der Meister noch lebte. Es war wie das Aufblasen eines leeren Luftballons, so wie das Anlassen eines schon lange ruhenden oder defekten Motors, so wie das Wiedererwecken eines Leichnams. Welche Freude erfuhren wir und welche Hoffnung !

Da war es so weit, dass die darauf bestanden, dass ich auch mitfliegen müsse und sie sprachen: „Was sollen wir ohne dich machen, du bist der Einzige, der Englisch spricht!" Wir beschlossen, Ajaib Singh zu schreiben, um ihn davon in Kenntnis zu setzen, dass wir ihn besuchen wollten. Wir hatten bereits alle Vorbereitungen getroffen: den Pass erneuert, Visa und Imfungen erhalten, einen Flug gebucht und ein Ticket gekauft. Wir sollten in einer Woche abreisen, da kam die Anwort von Ajaib Singh auf unseren Brief. Wir öffneten und lasen ihn. Er war so liebevoll, so wunderbar, aber vor allem so aufgeladen! Ihn in der Hand zu halten war wie das Lebenselixir zu erhalten, er war reines Parshad (eine von einem Meister gesgente Sache oder Nahrung). Es reicht schon, ihn in der Hand zu halten und man bekam eine solche Gänsehaut und es ging einem so gut, dass wir anfingen uns zu necken: „Los doch, gib ihn mir ein wenig! Nun gib ihn mir doch bitte!" und ähnliches. Nicht nur ich und Virgil nahmen diese Wirkung wahr, sondern auch die vier anderen, mit denen wir uns an diesem Nachmittag trafen, fühlten genau das Gleiche.

Der Inhalt des Briefes lautete:

Geliebte meines Satguru: Sirio, Virgil, Romeo, Lorenzo, Andrea und Oswaldo, ich erhielt euren Brief und nahm seinen Inhalt zur Kenntnis.

Ich bin sehr froh, dass ihr vorhabt nach Indien und Rajasthan zu kommen, um mich zu besuchen. Auch wenn es oberflächlich so scheint, als ob ihr es seid, die kommen wollten, glaube ich, dass es der Meister, der euch im Innern zu dieser Reise inspiriert.

Indem ich mich auf euren Besuch freue, sende ich euch meine Liebe zum Meister und schlage vor, dass ihr mit eurer regelmässigen Meditation fortfahrt, und der Meister wird euch mit Sicherheit segnen...

Mit all Seiner Liebe

Dass Ajaib Singh

Der Brief beinhaltete weiter unter anderem den Vorschlag, erst zehn Tage später als wir es vorhatten in Indien einzutreffen. Darüber waren wir traurig, denn wir waren schon so aufgeregt, dass wir so früh wie möglich nach Rajasthan fliegen wollten, aber der Brief besagte, dass wir uns in Delhi mit einer Gruppe Nordamerikaner treffen sollten, um dann nach Rajasthan aufzubrechen.

DAS ERSTE TREFFEN MIT SANT JI

Wir brachen am 6. Februar 1977, dem Geburtstag von Meister Kirpal Singh, auf. Es hätte nicht an einem besseren Tag sein können, die ganze Reise war von der lebendigen Gegenwart der Meisterkraft gesegnet und alle Meditationen, sowohl im Flugzeug, wie im Hotel in Baghdad (wo wir einen vierundzwanzigstündigen Zwischenstopp einlegten) waren voller Intensität aufgeladen. Wir betraten nun die Sphäre seines spirituellen Einflussbereiches und der Meister gab uns auf greifbare Weise zu verstehen, dass wir bald seiner Gegenwart in seiner neuen Offenbarung nahe sein würden.

Wir erreichten Delhi aber eine Woche vor den Amerikanern und wohnten im Haus von Pappu (Raj Kumar Bagga). Seine Eltern waren sehr freundlich, und sie boten uns an ihre Gäste zu sein, statt in irgendein Hotel zu ziehen. Wir nahmen das Angebot gerne an und befanden uns in der besten Gesellschaft von Initierten des Meisters und nicht in einem einfachen Stadthotel.

Es war eine wundervolle Woche, in der wir Teil einer grossen Familie wurden (drei Töchter, drei Söhne und einige Enkelkinder), und wir wurden mit Liebe und Respekt behandelt. Wir unterhielten und lange über unseren grossen Meister Kirpal (die Eltern und ein paar Kinder waren Schüler Meister Kirpals, während die jüngeren Kinder von Ajaib Singh eingeweiht worden waren) und sie erzählten uns viele Anekdoten über ihre Begegnungen mit Sant Ajaib Singh, der schon einige Male in ihrem Haus zu Besuch gewesen war. Unsere Herzen waren voller Hoffnung und grosser Erwartung. Wir konnten es nicht erwarten, ihm von Angesicht zu Angesicht gegenüber zu stehen.

In jener ersten Ausgabe des „Sant Bani", war ein Brief eines Dr.Cristobal Molina, eines Initierten des Meisters in Kolumbien veröffentlicht worden, gerichtet an dessen Tochter, die in den USA lebte und wie folgt lautete:

Text des Briefes:

EIN MENSCH WURDE GEBOREN

(Dr. Cristobal Molina)

(Anmerkung des Übersetzers: Dr. Cristobal Molina, 55 Jahre alt, ärztlicher Radiologe, wurde 1971 in Bogota, Kolumbien während eines Besuches von Mr. Khanna in Lateinamerika eingeweiht. Seine Tochter heiratete einen Initierten und beide leben in der Nähe des Sant Bani Ashrams (New Hampshire). Seine

beiden Söhne sind auch initiert. Dieser Mann meditiert derzeit sieben bis acht Stunden täglich und jeden Tag länger. Weil Molina für seine Wahrhaftigkeit und Vertrauenswürdigkeit bekannt ist, für seine Liebe zum Meister und seiner vorbildlichen Lebensweise, soll der Satsang davon erfahren, was Molina sagt, denn das ist der Wille des Meisters. Wir haben auch Kopien an einige Leute geschickt, die vom Meister ausdrücklich dafür genannt wurden.)

Bucaramanga, 7. Bucaramanga, 7.7.7.1975 1975

Meine lieben Kinder Joe und Silvia,

Mit diesem Brief sende ich euch meine herzlichen Grüsse und gute Neuigkeiten. Wie ihr wisst, arbeite ich hart seit meiner Einweihung am 12. Dezember 1971 und jeden Tag bemühe ich mich mehr Zeit für die spirituellen Übungen einzusetzen, besonders nach dem Abschied des Meisters.

An einigen Feiertagen konnte ich zwölf Stunden lang meditieren und seit Juni letzten Jahres widme ich dem mindestens sieben Stunden, fünf Stunden dem Licht und zwei Stunden um auf den Tonstrom zu hören. Nun diese Bemühungen haben sich dank unseres geliebten Vaters Kirpal sehr bezahlt gemacht, denn ich habe keine Verdienste daran und jeder weiss, dass alles nur seiner Liebe und Barmherzigkeit entspringt. Ich bin nur seinen Lehren gefolgt, um innerlich ruhig zu werden, so dass er wirken konnte.

Von ihm wurde ich autorisiert und gebeten, glaubhaftes Zeugnis davon abzulegen, was mir in der Meditation offenbart wurde, und ich möchte euch einige Einzelheiten mitteilen.

Ich hatte schon gefühlt, dass sich in einer transzendentalen Weise etwas Grosses ergeben würde. Es gab Zeichen und Symbole, über die ich jetzt jedoch nicht sprechen kann. Am 25. Juni erschien vor mir zum Ende der Meditation ein doppeltes „SS" in grossen Buchstaben, das ich auch auf der Zeitschrift „Sat Sandesh" befindet, jedoch in grösserer Entfernung. Ich fragte den Meister, was das bedeute und er erwiderte, dass sich dies auf die Oktoberausgabe des Sat Sandesh 1974 beziehe. Mehr erfuhr ich an diesem Tag nicht darüber.

Am nächsten Tag bat ich den Meister in der Meditation, mir alles über diese Zeitschriftveröffentlichung zu erklären, da ich das Heft nicht finden konnte und es vielleicht verloren hätte.

Er sprach: „Alles steht in der Oktoberausgabe 1974, die ganze Wahrheit. Die Meisterkraft hat sich bereits in einem menschlichen Pol offenbart, wirkt aber derzeit noch in der Meditation, um sich zu vervollkommnen und dann in Erscheinung zu treten.

Fortwährend kam es weiterhin zu Zeichen während des Simrans, dass sich etwas Grossartiges ereignen würde und während des Bhajans erklang wundervolle Musik, die schönsten Glockenklänge und mehr.

Einige Tage habe ich so in Erinnerung an den Geliebten verbracht, mein Leben ist auf ihn ausgerichtet. an ihm liegt es, dass ich mich in einem solchen Glückszustand befinde. Mit seiner Hilfe hoffe ich, ihm dass alles zu einhundert Prozent zurückzahlen zu können.

Es kam dann der 1. Juli, der Monat Sawans. Ich sagte dem Meister, dass ich mir über das Durcheinander, das um seine spirituelle Nachfolge entstanden sei, Sorgen mache, wo doch bei mir zu Haus einige Menschen seien, die noch nicht die heiligen Initiation empfangen hätten und dass ich befürchtete, dass ein paar von ihnen von all den Angeboten, die hereinflattern irregeführt werden könnten. Wenn auch nur eine Seele davon irregeleitet würde, wäre das so schmerzvoll für mich. Natürlich weiss er das alles aber wir sind so kindisch, dass wir das aussprechen und uns dann ruhiger fühlen.

Die Meditation am 1. Juli war voll von grossartigen Erfahrungen und ohne dass ich ihn darum gebeten hätte, sprach er: **„Ein Mensch ist geboren, Ajaib Singh ist der neue Meister."** Bei mehreren Gelegenheiten gab mir der Meister die innere Erlaubnis, ohne dass ich ihn darum bitten musste und sagte einmal auch ausrücklich: „**Du sollst Zeugnis davon ablegen, was dir offenbart wurde.**" Und das ist es nun, was ich tue.

Im Satsang am 11. Juli las ich aus „Der Meister und Seine Mission", und schloss meineWorte damit, sie darüber zu informieren, das der menschliche Pol, der auf Kirpal Singh folgte, bereit sei und Ajaib Singh heisse. Das war eine Überraschung für jeden und ich schaute in frohe Gesichter. Ich muss hinzufügen, dass wir in unserem Satsang nur aus den Lehren Meister Kirpals lesen und wir all die Briefe, die herumgeschickt werden, nicht lesen, egal aus welcher Richtung sie kommen.

Nach dem Satsang brachte ich ein paar Leute nach Hause, die weit entfernt wohnen und der letzte, den ich absetzte, sagte, dass das Treffen wundervoll

gewesen sei und noch besser sei die Proklamation hinsichtlich Ajaib gewesen.
Dieser Kommentar bekümmerte mich; das Wort „Proklamation" setzte mir zu,
denn ich hatte doch nur eine Information weitergeben wollen. Ich dachte, ich
habe doch nichts anderes als Dr. Maldonado beimSatsang in Bogota getan, eben
nur einen anderen Namen genannt. Als ich nach Hause kam verbrachte ich
ungefähr zwanzig Minuten in Meditation (und hier muss ich tief einatmen um
euch das Folgende zu berichten)... Es enstand eine tiefe Stille und ich hörte dann
eine sachte,sanfte Töne erklingen, welche zu einer widerhallenden Musik
wurden...und diese Musik machte dann tausenden von kleinen Glöckchen Platz,
welche in allen Tonlagen läuteten: deutlich, schön, hell und tief, was meine arme
Seele aufschrecken liess. Ich erkannte, dass der Meister alles, was ich getan
hatte guthiess. Eine der Glocken hörte mit einem goldenen Schlussakkord auf zu
schlagen. Dann läutete eine Glocke in einem sehr tiefen Klang fünf Mal. Wenn
dies länger gedauert hätte, wäre meine Seele nicht mehr in diesem armen
Körper. Es ist unmöglich, das in Worten zu beschreiben. Keine Glocke dieser
Welt wurde je gebaut mit einem solchen Klang, kein Metall kann einen so klaren
Ton hervorbringen; tief und vibrierend und wenn doch, so würde eine solche
Glocke dabei in Stücke zerspringen. Auch wenn ich bis zu meinem Lebensende so
etwas nicht wieder erlebe, ist dieses Geschenk der Stimme Gottes in Form einer
solchen Glocke zu lauschen all das wert, was ich bisher erlebt und erlitten habe.

Diese Ende der Meditation war wie der Stempel meines geliebten Meisters auf
das, was diese Marionette getan hatte. Ich will nur das tun, was von ihm kommt,
und so muss ich auch diesen Brief schrieben, denn das ist sein Wille.

...Schliesslich, möchte ich Euch sagen, dass während der Ausübung des Bhajan
in diesen Tagen ein Chor sang und der Chor immer wieder in allen Sprachen der
Welt, das selbe wiedergab: in chinesisch, arabisch, amerikanisch, Latein
etc.....und zwar:

Ajaib, Ajaib

ein Mensch wurde geboren,

Ajaib Ajaib

Ich mag sagen, dass bis zu diesem Punkt der Vorhang gefallen ist und der Rest
nur mich betrifft. Wenn sich solches wieder ereignet, werde ich euch schreiben.
Er wird es euch sagen. Meine Kinder, euer Vater erhielt Blicke voller
Barmherzigkeit, es ist nicht mein Verdienst. Ich versuche dem Pfad zu folgen,

den mir der geliebte Meister wies. Wenn es mir gelingt, ist es seine Gnade. Bitte trainiert so viel auf der Strasse, die zu Gott führt, wie ihr könnt, denn so wie Meister Kirpal zu sagen pflegte: auch ich strenge mich an, mich in die Meditation zu versenken.

Ich segne euch in seinem heiligen Namen,

euer Vater, C. Molina

Es fügte sich so, dass unter der Gruppe, die in Delhi eine Woche später zu uns stiess auch Dr. Molina war, und ich erinnere mich, dass ich alle Ankommenden anschaute und obwohl ihn mir niemand vorgestellt hatte, und ich seine Augen und sein Gesicht erblickte, erkannte ich Molina sofort. Es waren die Augen eines gotttrunkenen Liebenden. Als alle im Zimmer angekommen waren, setzten wir uns zur Meditation und dann redete Molina kurz. Er sagte, dass das Lied Kirpal (der innere Tonstrom) bei ihm sei, seitdem er Kolumbien verlassen habe, ihn während seines Aufenthaltes im Sant Bani Ashram (New Hampshire) begleitet habe, auch während des Fluges und auch im jetzigen Augenblick. Als er so sprach, fühlte ich Wellen der Liebe und Energie von ihm ausgehen und die ganze, bereits überladene Atmosphäre des Raumes zu erfüllen. Es war ein fantastisches Erlebnis und ein willkommener Auftakt zu einer anderen grossartigen Begegnung.

Am nächsten Abend brachen wir aus Delhi mit dem Zug in Richtung Ganga Nagar auf. Wir waren achtzehn Leute, sechs Italiener, zehn Nordamerikaner, Dr. Molina aus Kolumbien und Pappu, der aus dem Punjabi übersetzen musste, da ´Sant Ji´ kein Englisch sprach (so haben ihn die Westler immer genannt und daher nenne ich ihn hier auch so).

In Ganga Nagar warteten vier Jeeps auf uns, die uns von dort auf einem kurvenreichen Weg, welcher sich an entlegenen Dörfern mitten in einer nur teilweise kultivierten Wüste hindurchschlängelte. Noch zwanzig oder dreissig Jahre vorher was alles nur reine Wüste gewesen, doch dank einiger Bewässerungskanäle wird dort nun viel mit Zuckerrohr, Baumwolle, Weizen, Senf und anderen Futterpflanzen bestellt. Diese Jeepfahrt dauerte fast drei Stunden und je weiter wir fuhren, desto mehr entfernten wir uns von jeglicher Zivilisation unseres Jahrhunderts und verschmolzen zunehmend mit einer biblisch, alten und ländlichen Umgebung, welche man sich nur schwer vorstellen kann: weite ganz flache Felder, ein paar Bäume, Sanddünen, Kamele oder an am Pflug angeschirrte Buffalos, sowie Ziegen, Kűhe und Dőrfer, nur aus Lehmziegeln, die die gleissende Sonne gebrannt hatte. Die Wände waren mit Schlamm, Kuhfladen und Stroh verputzt. Dorf um Dorf, Düne um Sanddűne war dies keine Strasse und alles andere als eine Eiswűste. Es war unvorstellbar, dass sich der neue Meister an einem so entlegenen Ort offenbaren sollte, mitten im Nirgendwo, bar jeder Zivilisation und Kultur.

Anzuhalten oder zu fahren machte keinen Unterschied mehr, denn die Meisten hatte die Grenze ihres Fassungsvermőgens erreicht, kamen wir plőtzlich vor einer hohen Mauer zum Stehen. Sie war fast drei Meter hoch und hundertundzwanzig lang. Auf der Mitte der Strecke befand sich ein Tor und jetzt wussten wir, dass wir den Bestimmungsort erreicht hatten, denn ein Schriftzug űber dem Tor lautete „Sant Bani Ashram".

Wir fuhren mit den Jeeps hindurch, stiegen aus, luden das Gepäck aus und bevor alle realisiert hatten, dass Sant Ji schon im Hof vor uns stand, schaute ich auf und sah diesen 1,70 cm grossen Mann, der weiss gekleidet war, einen schwarzen Mantel trug, mit einem Bart bis zur Brust hinab und mit einem weissen Turban auf dem Kopf; ein einfacher Mensch, aber mit einem edlen und feinen Benehmen wie einer, der sich sein Leben lang vom Weltentrubel ferngehalten hat.

Nun ruhten alle Augen auf ihm und Pappu, wir begrűssten ihn mit einer Verbeugung, begannen uns vorzustellen und sagten dazu aus welchem Land wir kamen. Er nickte, schaute alle an und sagte nach der Vorstellungsrunde: „Ich bin sehr glűcklich, euch alle zu sehen, ich hoffe, ihr werden von der lange Reise hierher profitieren. Seid gewiss, dass es der Meister Kirpal war, der in jedem von euch wohnt, welcher euch hierher kommen lies und eure Anstrengungen segnet." Dies aussprechend und seine Handflächen im Pranam gelegt(dem traditionellen indischen Gruss, indem beide Hände vor der Brust zusammengefűhrt werden) schauten wir uns wieder intensiv an, dann drehte er sich um und ging.

Man zeigte uns den Raum, in dem wir alle untergebracht waren, Männer und Frauen, da es sonst keinen anderen Platz dafűr gab. Ein grosser Raum, in dem achtzehn Leute gerade hineinpassten, mit Betten dicht an dicht und ausserdem wurde der Raum auch als Speisesaal genutzt. Es gab keinerlei Luxus, alles war ganz einfach aber sauber und rein; nur das Allernotwendigste war vorhanden. Die Toiletten bestanden aus vier Mauern, weniger als zwei Meter hoch, ohne Dach,nicht einmal einen Quadratmeter gross, in die ein tiefes Loch in den Boden gegraben worden war. Die Duschen bestanden aus zwei Räumen etwas grösser als die Toiletten, aber sie waren zementiert und wir wuschen uns, indem wir Wasser aus einem Plastikkrug über uns gossen, welches wir mit einer Handpumpe aus dem Hofbrunnen geholt hatten. Es war alles so einfach und unschuldig, ein Ort der Träume, an dem der Wahnsinn der Moderne noch nicht angekommen waren und alles seinen langsamen und natürlichen Lauf nahm.

Wir nahmen unser Mittagessen zu uns, da es gerade die Zeit dafür war und man sagte uns, dass es um 16 Uhr eine Meditationssitzung mit Sant Ji im privaten Innenhof gäbe. Pünktlich gingen wir zu einem offenen Platz, der von Mauern umgeben war, welche ein kleines Zimmer trugen, was wie ein Türmchen aussah. Sant Ji sass auf einer fünfzig Zentimeter hohen Plattform und wir sassen auf dem Boden auf Jutesäcken ganz dicht bei ihm. Ich sass an seiner rechten Seite und jetzt konnte ich ihn besser sehen. Als wir ankamen, war ich von der Heiligkeit und Reinheit und Schönheit beeindruckt, welche mich erbeben liess. Ich schaute in sein Gesicht und seine Augen und nahm sehr feine, fast feminine Gesichtszüge wahr. Es gab keine Falten und wäre der lange weisse Bart nicht gewesen, hätte es genauso gut das Gesicht eines unschuldigen Kindes sein können. Seine Augen waren meerblau, leuchtend, wunderschön und lieblich wie bei einem Frauenheld aus dem Film. Auch wenn seine Gesichtszüge sich eindeutig von denen Meister Kirpals unterschieden, gab es doch eine starke Ähnlichkeit dahinter, so miteinander verwebt, wie das manchmal bei Ehepaaren der Fall ist, die ein ganzes Leben miteinander geteilt haben und obwohl sie körperlich verschieden sind, eine deutliche Ähnlichkeit aufweisen. Ich mochte ihn sofort sehr und merkte bald, dass ich mich bei einem grossen und legendären Heiligen befand, wie man sich ihn in unserem Jahrhundert kaum vorzustellen gewagt hätte.

Er schaute uns alle aufmerksam an, losgelöst, ruhig und gelassen, ohne jede Emotion und sprach: „Ihr seid gebildete Menschen, weit mehr als ich oder jemand anderes hier. Ich habe nur das Buch des Lebens gelesen, nämlich diesen menschlichen Körper. Ich möchte euch vorschlagen, auch dieses Buch zu lesen, daher schliesst nun eure Augen und lasst uns zusammen meditieren." Das waren Worte der Weisheit, die ich sehr liebte.

Wir meditierten ungefähr eine Stunde lang und dann fragte er uns, was wir in der Meditation gesehen hatten. Wir berichteten dies dann und wurden auch gefragt, wie lange wir schon vom Meister initiiert worden seien. Es war ein wunderbares Treffen und ein Vorgeschmack der kommenden zehn Tage an diesem traumhaften Ort mit einer bemerkenswerten Persönlichkeit.

Der Tagesablauf war folgendermassen: Aufstehen um drei Uhr, dann bekamen wir Tee angeboten und meditierten bis sechs oder sieben Uhr, hatten eine Frühstückspause und trafen uns dann mit ihm in dem Zimmer oben. Er sass auf einem kleinen Podest in einer Ecke, wir setzten uns dicht an dich um ihn herum. Das Zimmer war ungefähr fünfzehn Quradratmeter gross und reicht kaum aus, um allen Platz zu geben. Wir meditierten eine Stunde mit ihm, wurden daraufhin gefragt, was wir gesehen hatten und stellten ihm dann Fragen, die er beantwortete, und profitierten aus seiner grossen Erfahrung auf dem Gebiet der Spiritualität und besonders der des Sant Mat. Er forderte mich auf, alles für die anderen Italiener zu übersetzen, welche kein Englisch sprachen und so wurde alles in drei Sprachen wiederholt, Punjabi, Englisch und Italienisch, was natürlich für wenige Sätze viel Zeit in Anspruch nahm. Er war jedoch äusserst hilfsbereit und freundlich. Diese Treffen dauerten ungefähr zweieinhalb Stunden oder manchmal auch länger. Dann gab es Mittagessen und nachmittags wiederholte sich das Ganze von 16 Uhr an. Abendessen gab es um 19 Uhr und um 20 Uhr einen Satsang, an welchem auch die Inder aus dem Nachbardorf teilnahmen.

Es waren intensive Tage voll süsser Ereignisse, die der Seele und dem Gemüt Nahrung gaben und am Abend fühlten wir uns absolut gesättigt. Manchmal sprach er von seinen Begegnungen mit dem Meister und seiner grossen Liebe für Ihn, seinem Trennungsschmerz und wie er gelitten und geweint hatte, als er erfuhr, dass der Meister den Körper verlassen hatte. Dann schienen wir auf eine andere Ebene mitgenommen zu werden und der Ashram verwandelte sich in einen verzauberten Ort, eine wahres Paradies.

Am zweiten Tag bat er uns Italiener in seinem Zimmer zu bleiben, um mit uns allein zu sprechen und nach dem Morgentreffen gingen alle anderen ausser uns hinaus. Er fragte uns, wie wir von ihm erfahren hätten, hörte unseren Berichten zu und als wir seinen Brief ansprachen, fragte er uns: „Ja wie wirkte denn dieser Brief auf euch?" Wir setzten ein breites Lächeln auf und antworteten, er sei fantastisch gewesen. Ich fühlte mich immer mehr zu ihm hingezogen, es gab eine grosse Affinität zwischen uns, als wollte er mit den Augen sagen: „Nun werde ich dein Leben in meine Hände nehmen und es ausformen." Es war ein grossartiges Interview, sehr freudig und angenehm wie zwischen alten Freunden.

Von Anfang an war er sehr liebevoll und geduldig mit mir. Er bat mich jedes seiner Worte zu übersetzen. Auch wenn ich nicht gut übersetzen konnte, versuchte ich mich, aber nicht Wort für Wort, sondern ich eine Zusammenfassung, von dem was er gesagt hatte und immer zu leise, so dass die anderen mich kaum verstehen konnten. Eines Tages beschwerten sie sich bei Sant Ji, weil sie mich nicht hören konnten, aber er war sehr verständnisvoll und antwortete:" Wenn ihr möchtet, dass sich seine Stimme verbessert und er deutlicher spricht, dann gebt ihm in Italien, wenn ihr zurückkommt eine Menge Mandeln zu essen."

Wie ich schon sagte, er fragte jedesmal alle, was wir in der Meditation gesehen hatten, nur mich und Dr. Molina nicht, und so fragte einmal ein Italiener, Lorenzo: „Wie kommt es, dass du uns alle fragst, was wir in der Meditation sehen, nur Sirio nicht?" „Er lachte und erwiderte: „wollt ihr wirklich, dass ich ihn auch befrage? Nun dann soll das von nun an geschehen. Und so war es auch.

Eines Tages gingen wir in den Feldern spazieren und plötzlich blieb er stehen, wandte sich uns zu bat uns, ihm ein paar Fragen zu stellen. Lorenzo gingen gerade Seite an Seite vor ihm her, da lachte er und fragte: „Wetteifert ihr in der Meditation auch so, ihr beide?" Wir lachten und verneinten das, doch er sagte, dass nicht Böses dabei sei, wenn man in der Meditation wetteifere. Ich fügte hinzu, „Ja Meister Kirpal hat genau das Gleiche gesagt." Er wurde umgehend ernst und sprach: „Ich bringe keine neue Botschaft. Ich wiederhole nur seine Worte, ein Gärtner setzt die Pflanzen und geht dann. Dann kommt ein anderer Gärtner und bewässert sie und sie wachsen. So gibt auch ein Satguru den Seelen die Initiation in Naam und verlässt seinen Körper dann. Ein anderer Satguru folgt nach und bewässert sie mit seinen Worten der Weisheit und lässt sie wachsen." Als er das sagte, schaute er ganz nah in unsere Augen, und ich nahm seine Augen als die Meister Kirpals wahr. Ich wurde von einer Welle er Freude überrollt.

Zur Zeit der Hälfte dieses Aufenthaltes fing das Gemüt an, mir keinen Frieden zu geben. Langsam begann es wehmütige Gedanken an die Vergangenheit wachzurufen, die Bindung an bestimmte typische Verhaltensweisen von Meister Kirpal. Ich dachte , „ja, Sant Ji ist ein bemerkenswerter Mensch, ein Heiliger zweifellos auch, aber physisch eben nicht Meister Kirpal, nicht der gleiche Charakter, bewegt sich nicht so, hat nicht so viele Anhänger wie sie der Meister hatte, benimmt sich auf seine eigene Art und Weise, nicht genau so wie der Meister und so weiter." In meiner Naivität dachte ich, vielleicht Meister Kirpal unverändert in seinem Nachfolger wiederfinden zu können, als wenn sich das Leben wiederholen würde, als ob man je zwei gleiche Sandkörner finden könnte.

Eines besonderen Abends griff mich mein Gemüt mit einer solchen Kraft an und liess mich die Sehnsucht nach Meister Kirpal so stark und wichtig empfinden, und all die äusserlichen Aspekte, die ich eben erwähnt habe, dass ich schliesslich beschloss: „Es scheint mir unmöglich zu sein, dem Nachfolger des Meisters oder irgendeinem anderen Meister zu folgen. Ich werde keinen anderen Meister als Meister Kirpal akzeptieren und lieben. Morgen früh werde ich versuchen, wieder von hier wegzukommen." Natürlich wollte ich die anderen Italiener nicht in diese Sache hineinziehen, also behielt ich es ganz für mich und sprach mit niemandem darüber. Jedoch dies in die Tat umzusetzen war nicht leicht und am nächsten Tag beschloss ich, das Neun Uhr-Treffen mit Sant Ji zu besuchen, weiter abwartend, wie ich einen Ausweg für mich finden könnte.

Wir meditierten wie gewohnt, dann gab es wieder eine Runde von Fragen und Antworten. Er war sich wohl sehr dessen bewusst, was in mir vor sich ging, denn er schaute mich während des ganzen Treffens an. Normalerweise sah einem jeden genau an, aber an diesem Morgen klebten seine Augen an mir und er wendete seinen Blick kaum ab. Besonders wenn ich übersetzte schaute er mich an, und ich fühlte dass seine Augen mich bei der Übersetzung unterstützten, indem sie die passendsten Worte in mir aufkommen liessen. Auf einmal spürte ich eine sehr feine und zarte Energie von seinen Augen auf mich übergehen. Es war nichts Schockierendes oder Unheilvolles, nein es war eine kühle Brise, die die Seele betrat aber dennoch eine verheerende Wirkung hatte.

Urplötzlich explodierte etwas in mir und es war wie eine Bombe. Danach hatte ich die Wahrnehmung seiner Kraft, oder um es anders auszudrücken, ich spürte so viel Energe von seinem Körper ausgehen, dass ich sie nicht in Gänze festhalten konnte.

Als wir den Raum verliessen drehte sich jemand um und sagte, „oh, er hat dich die ganze Zeit angeschaut !" Ich befand mich in einem Zustand, dass ich nicht einmal den Mund öffnen konnte. Ich verliess den Ashram und machte einen kurzen Spaziergang auf dem Weg davor. Inmitten eines Feldes, das Sant Ji gehörte, gab es eine Hütte, die er erbaut hatte und wo er gelebt hatte, als er vom Dorf 16PS? zum Dorf 77RB? umgezogen war. Als ich mich der Hütte näherte, schaute ich mich immer wieder nach dem Ashram um und immer fiel mein Blick auf den Raum in dem wir mit Sant Ji meditiert hatten. Es war wie auf einem Scheiterhaufen zu sitzen, und während ich sonst in dieser Hütte immer eine besondere Energie wahrgenommen hatte, war es an diesem Morgen so, als sässe ich vor einem heissen Ofen, wie im Winter, wenn man ein gut geheiztes Zimmer betritt, nachdem man lange draussen hat ausharren müssen. Ich versuchte, mich zu entspannen und mich mit dieser unglaublichen Stärke und Meditation in Einklang zu bringen.

Was für einen Rausch, was für einen Auftrieb erfuhr ich an diesem wunderbaren Tag! Es war der erste wirkliche Darshan, den ich von ihm erhielt, aber ganz sicher nicht der letzte.

Den Darshan eines Heiligen zu bekommen, heisst einfach, ihn zu sehen, seinen Körper. Ein besserer Darshan besteht darin, das grosse Glück zu haben, ihm von Angesicht zu Angesicht gegenüberzustehen und ganz nah in seine leuchtenden Augen zu schauen. Der Königs-Darshan besteht darin, wenn der Heilige aus freien Stücken dich mit seiner Gnade segnet und dir seine gesegnete Augen diese Form von Energie schicken, wie ich sie gerade beschrieben habe.

Nach dieser Erfahrung beruhigte sich mein Gemüt und liess mich mit diesen Geschichten über die Kleidung des Meisters, nämlich seinen Körper in Frieden. Kurz bevor Meister Kirpal seinen Körper verliess, hatte er folgende schöne Worte gesprochen: „Wenn dein Geliebter heute in einer weissen Kleidung weggeht und morgen braungekleidet wiederkommt, oder einem schwarzen oder irgendeiner anderen Farbe, wirst du ihn nicht erkennen? Ich hoffe ihr versteht das und zieht Nutzen daraus!" Seht also nicht auf die Kleidung oder den Körper des Meisters. Ihr müsst empfänglich für die göttliche Energie sein, die von diesem gesegneten Körper ausgeht. Sie stillt den Durst der Seele und das ist was Not tut. Wenn die Schüler Hazur Baba Sawan Singhs nur nach einer physischen Ähnlichkeit oder vom Verhaltensmuster her suchten, konnten sie nicht an seinen Nachfolger Kirpal Singh geraten, welche ganz anders aussah und sich anders verhielt, als sein Meister. Baba Sawan Singh war mager, feingliedrig und edel, was seinen Körperbau und sein Wesen betraf. Sant Kirpal Singh war sehr stark, kräftig und in seinem Verhalten überwältigend wie ein echter Löwe. Sant Ji war Meister Kirpal viel ähnlicher als Meister Kirpal Baba Sawan Singh, jedoch war er auch dennoch auch eine andere Person mit seiner eigenen Schönheit, seinem eigenen Stil und einzigartigem Charme.

An einem Nachmittag nach der Meditation gab es die üblichen Fragen und Antworten, aber an diesem Abend nahm dies eine ganz besondere Richtung an. Es wurde das Thema der Reinkarnation angesprochen und er sagte, dass es zwischen seiner letzten Inkarnation und der jetzigen kaum eine Zwischenzeit gegeben habe. Als er ein Junge war, hatte ihm sein erster Meister, Baba Bishan Das, gesagt, dass die Eltern aus seinem früheren Leben noch da seien, und wenn er das wünsche, könne er sie ihm zeigen. Ein Initierter aus Kalifornien fragte: „Wann wird Meister Kirpal wieder kommen?" Sant Ji stand auf, lehnte sich nach vorn und schaute diesen Menschen überrascht an und sagte dann mit voller Konzentration und mit ernster Stimme: „Wann hat Er uns je verlassen?" Diese

Person sagte später, dass für ihn Sein Körper die Gestalt Meister Kirpals angenommen habe, als Sant Ji das sagte.

Sant Ji fuhr dann fort: „Jene sind blind, die sagen, dass Er gegangen ist, aber die, deren innere Schau geöffnet wurde, sehen, dass er immer noch bei uns ist. Er hat nur die Blinden verlassen. Wir sollten jemanden, der Geburt und Tod unterworfen ist, nicht als einen Meister ansehen. Warum sollte unser Meister sterben' Guru Nanak sagte: „Mein Satguru kommt und geht nie, er ist das unzerstörbare Wesen und durchdringt alles. Er ist immer hier, warum könnt ihr es nicht verstehen? Kabir Sahib sagt: „Wir haben den Körper des Meisters, aber wir haben noch nicht den wahren Meister erreicht.." Wir nehmen nicht die Kraft wahr, die im Meister wirkt, wir sehen nur seinen Körper. Wenn wir die Kraft, die im Meister lebt, fühlen, verstehen wir alles. Wenn der Meister den Körper verlässt,wandern jene, die nur seinen Körper sehen überall auf der Suche nach Ihm umher. Wenn jemand zu mir kommt und sagt, dass Meister Kirpal tot sei, möchte ich ihn anklagen und vor Gericht bringen. Warum habt ihr den Guru zu einem Menschen gemacht, der sterben musste? Wenn der Meister den Körper verlässt, versteht nur sein Nachfolger den wahren Trennungsschmerz. Nur er weiss, dass sein Geliebter physisch gestorben ist. Während Leute, die Gurus sein wollen nach Geld und dem Rednerpult aus sind, weint er der „echte". Bevor Russell Perkins kam, hatte ich sowohl den Satsangis von Ganga Nagar und jenen von hier gesagt, dass ich keinen Westler sehen wollte. Nur der Meister weiss, was er zu tun hat, niemand kann Leute davon abhalten, hierher zukommen, wenn es Sein Wille ist und niemand kann Menschen hierher bringen, wenn Er es nicht will."

Er ruft die Menschen herbei

Er spricht

Er verrichtet selbstlosen Dienst

Er hört zu

Er erklärt

Er versteht

Er ist der einzig Handelnde

„Wenn die Leute sagen, dass sie nach Rajasthan gehen oder von dort zurückkommen, denke ich, dass sie einer Selbsttäuschung unterliegen, denn ich sehe, dass Meister Kirpal hierher kommt, meditiert und meditieren lässt. Er kommt und geht, ich sehe nur ihn. Als Russell Perkins hierher kam, versuchten die Menschen von Ganga Nagar ihn daran zu hindern, aber er hörte nicht auf sie. Sogar in Padampur versuchte Jagir Singh, der Leiter dort, ihn an der Weiterfahrt zu hindern, aber es gelang ihm nicht, denn Russell war zum Äussersten entschlossen. Später sagte Jagir Singh, dass er jeden Trick versucht habe, Russell davon abzubringen, aber er war ganz und gar entschlossen zu kommen. Seine Ergebenheit berücksichtigend half ihm der Meister dabei. Seht ihr, wie das alles ein Spiel unseres Hazur Kirpals ist? Trotz aller Schranken und Hindernisse wurde Russel von Hazur selbst hierher geleitet und ich glaube, dass es nur Sein Werk war. Jetzt kennt ihr alle den Weg hierher, in Ganga Nagar warten die Jeeps auf euch und auch die Sevadars (jene, die sich um Gäste kümmern) wissen, dass ihr kommt. Daher kochen sie Wasser auf und beziehen die Betten. Als Russell als erster kam, wusste keiner so etwas, auch er wusste nicht, wie er hierher kommen konnte.“

Es war ein unvergesslicher Abend. Nachdem Er geendet hatte, entstand eine so intensive Energie, dass die Luft vor Liebe und der Gegenwart unseres grossen Meisters Kirpal vibrierte. Was für eine mitreissende Perspektive, wie unglaublich die Wirklichkeit, Er lebte! Kirpal war zur Luft gewoden, die er atmete, das Wasser, das er trank, die Nahrung die er ass, seine Vergangenheit und seine Zukunft, alles war Kirpal. Auch an diesem Abend schien der ganze Ashram nach dem Treffen mit ihm zu einem Ort mitten zwischen dem Physischen und dem Ätherischen geworden zu sein, ein verzauberter Platz, der Licht und Klangströme von überall her ausstrahlte.

Wir Italiener machten Fotos vom ersten Treffen mit ihm und eines Tages nach dem Morgentreffen, hielten Romeo und ich uns im Hof unter dem Raum auf, in dem Sant Ji meditierte und wir warten darauf, dass er herunterkam. Als er uns sah amüsierte er sich sehr über unsere Idee und lächelte. Wir sagten ihm, diese Fotos würden für die Seelen im Westen benötigt und er war es zufrieden. Er fragte, wieviele in Italien initiiert seien und als wir darauf antworteten, meinte er, dass er für diesen Sommer eine Reise nach Nord- du Südamerika plane und dass wir über einen eventuellen Besuch in Italien nachdenken sollten. Dazu sollten wir Russell Perkins kontaktieren und sehen, ob das möglich sei. Als er auch anderen davon erzählte, waren wir sehr glücklich und freudig erregt, dass wir ihn bei uns in Italien willkommen heissen könnten.

Später gab es ein weiteres privatesTreffen mit ihm, und wir gingen alle zusammen hin. Wir sprachen über viele Dinge, die Situation im italienischen Satsang, die Position des Gruppenleiters etc. Wir fragten ihn, ob wir wieder zu Hause, uns bemühen sollten, mit anderen in diesem Satsang in Kontakt zu kommen oder besser in seinem Namen den Satsang abhalten sollten. Er sagte, in der gegenwärtigen Lage sei es besser mit einem neuen Satsang zu beginnen. Wir müssten auch zusammen entscheiden, welche Aktivitäten aufgenommen werden sollten und nach seinem Besuch in Italien würde er jemanden von uns als Gruppenleiter einsetzen. Als er diesen Satz äusserte, schaute er mich an und es war so als ob er damit sagen wollte :"Du wirst es sein." Ich war von diesem Gedanken gar nicht angetan und wies ihn in Gedanken weit von mir. Ich hatte immer gedacht, dass Romeo am besten für eine solche Aufgabe geeignet wäre, denn er war am ältesten, war sehr ergeben und meditierte viel. Ich war der Allerjüngste, ich war introvertiert und schweigsam und aus meiner Sicht nicht geeignet, den Meister zu vertreten.

Wir sprachen auch über einen möglichen Besuch und er erzählte uns, das er in Italien gewesen sei. Im letzten Krieg war er in der britischen Armee und sein Batallion war durch Italien gezogen (sogar durch die Toskana). Er schien froh darüber zu sein, wieder dorthin zu kommen und auch wir hielten uns für sehr glücklich, ihn in unserem Land zu haben und froh, ihn anderen Initiativen vorzustellen, welche an seiner Bekanntschaft interessiert sein könnten.

Bald nahte der letzte Tag dieses fantastischen Retreats in der Wüste Rajasthans mit diesem wundervollen Menschen, etwas was ich immer schon erfahren wollte. Wie viele weitere Retreats ich mit ihm abhalten würde, wie oft ich noch nach Rajasthan reisen würde, um zehn intensive Tage in seiner Gesellschaft zu verbringen, und wie oft er den Westen noch sehen würde, sowohl Italien als auch andere europäische Länder, davon hatte ich damals keine Ahnung. Ich wusste nur, dass ich abreisen musste und war sehr traurig.

An diesem Morgen meditierten wir früher mit ihm als üblich. Er gab uns eine Menge guter Ratschläge in der Hoffnung, dass wir den inneren Kontakt aufrecht erhalten würden, wie wir es in diese Tagen so lange wie möglich geschafft hatten, schenkte uns ein sehr gutes Abschieds-Parshad (von ihm gesegnete Süssigkeiten) und sehr liebevolle Blicke. Er kam heraus bevor wir einen Lastwagen bestiegen, da keine Jeeps zu haben waren, aber wir mussten ja nach Ganga Nagar gebracht werden. Wir machten Gruppenfotos von allen, die sich um ihn scharten, gingen an seinem wunderschönen Körper vorbei, um einen letzten Blick in seine Augen zu werfen und gingen dann zum Laster. Als Romeo und ich beide vor ihm standen, legte er seine eine Hand auf meine Schulter und die andere auf seine und sprach: „ich bin sehr froh, dass ihr gekommen seid." Wir konnten uns nicht vorstellen, dass wir uns schon nach zwanzig Tagen wiedersehen wűrden.

ZURŰCK IN RAJASTHAN

Nach wenigen Tagen in Delhi rűckte der Abflug nach Italien näher. Pappu rief uns ein Taxi, wir verabschiedeten uns von der ganzen Bagga-Familie von der wir nun ein Teil waren und fuhren zum Flughafen. Wir hatten bei „Iraki Airways," einer Charterfluggesellschaft, gebucht, die preiswert war. Als wir beim Check-in unsere Tickets vorlegten, was fűr ein Erstaunen! Der Angestellte sah sich die Tickets an und bemerkte, dass wir die Flüge nicht bestätigt hatten und noch nicht einmal auf der Warteliste standen. Es bestand also nicht die geringste Hoffnung darauf, an diesem Tag abzufliegen. Man sagte uns, dass wir am nächsten morgen das Bűro von Iraki Airways in New Delhi aufsuchen und den nächst möglichen Flug rűckbestätigen mussten. Das taten wir, doch da es ein Billigticket war, war der Flug immer schon voll und das erste Datum, an dem wir sicher waren, abfliegen zu kőnnen, war erst in zwei Wochen. Fűr die Flűge vorher setzte man uns auf die Warteliste.

Zwei von uns wurden krank und sie wechselten ihren Flug, indem sie einen hohen Zuschlag zahlten, um sofort nach Italien zurűckzukommen. Virgil, Romeo, Lorenzo und ich waren aber weiter bei bester Gesundheit und so warteten wir auf den nächsten freien Flug bei Iraki Airways. Bald waren mehrere Wochen verstrichen und bald wűrde die nächste Gruppe ankommen, die Sant Ji fűr ein weiteres Zehn-Tageretreat besuchen wollten. Zu diesem Zeitpunkt überlegten wir, ebenfalls wieder mit ihnen zurűckzufahren. Pappu schlug vor, unsere Absicht Sant Ji per Telegramm mitzuteilen und bald kam seine Antwort: „Ich freue mich auf die Lieben aus Italien." Voller Freude bestätigten wir einen Flug eine Woche nach der dann erneuten Rűckkehr aus Rajasthan, da wir erfuhren, dass Sant Ji nach dem Retreat mit der Gruppe nach Delhi fahren wűrde, um eine Reihe von Satsangs abzuhalten und naturlich wollten wir diese Gelegenheit nicht verpassen.

Wieder kam die lange Zugreise, das Besteigen eines alten Busses, die gewundene Strasse in den verzauberten endlosen Wűstenfeldern und plőtzlich hielt der Bus an, nicht vor dem Ashram, sondern auf der anderen Seite des Kanals, einen halben Kilometer vom Ashram entfernt. Wir schauten aus dem Fenster und erkannten, dass Sant Ji schon auf unserer Kanalseite auf uns wartete. Was fűr eine grosse Überraschung! Wir sprangen aus dem Bus und hatten uns bald wie Bienen um den Honig um ihn versammelt. Der erste, der bei ihm ankam war Russell Perkins, der in der neuen Gruppe reiste, und der warmherzig von ihm umarmt wurde. Dann drehte sich Sant Ji um und betrat sicheren und festen Schritts einen kleinen Baumstamm, der als Brűcke über den Kanal diente, ging hinüber und wir folgten nacheinander und bald wurden wir in einen Anhänger geladen, der von einem Traktor gezogen wurde. Sant Ji stieg auf den Traktor und fuhr uns zum Ashram. Der Meister verlässt seine Heimstadt des Friedens und ewigen Glücks, schreitet über die Brücke seiner Geburt und kommt in diese Welt, um auf uns zu warten, damit wir die rechte Lebensweise lernen. Dann betritt er festen Schrittes die Brücke des Todes und wartet auf der anderen Seite, um uns in die Heimat der Wahrheit zu führen, in der für Täuschung und Lüge nicht der geringste Raum ist und wo man ewig in absolutem Bewusstsein lebt.

Im Ashram angekommen, stieg Sant Ji vom Traktor herunter und auch wir stiegen aus und gruppierten uns wieder um ihn im Schlafsaal und in einer Atmosphäre voller Liebe und ekstatischer Ausstrahlung sagte er zu uns: „Es tut mir leid, dass ihr eine so schwere und ermüdende Reise hinter euch habt. Dieses Mal konnte ich die Jeeps nicht buchen. In Sant Mat jedoch hält man es der grössten Mühe wert, auch nur ein klein bisschen näher an die Wahrheit heran zu kommen." Wir brachen in Lachen aus und waren froh in seiner Gegenwart zu sein und vergassen all die Erschwernisse und die anstrengende Reise.

Am nächsten Tag nach dem Morgentreffen sagte Sant Ji: „Ihr könnt nun alle gehen, bis auf die Italiener." Ganz zufrieden bleiben wir bei ihm, während die anderen nach und nach den Raum verliessen. Als wir mit ihm allein waren, fragte er was mit unserem Flug los gewesen sei und ob wir in finanziellen Schwierigkeiten steckten, bot uns finanzielle Unterstützung an, falls wir sie benötigten und sagte schliesslich: „Seht ihr, der Flug war nur eine Ausrede, in Wirklichkeit wollte der Meister, dass ihr wieder hierher zurückkommt, um noch einmal die Bhajan (hingebungsvolles Lied) zu singen, so wie das Mal zuvor. Beim letzten Retreat hatten wir oft auf Punjabi den Prolog zum Jap Ji von Guru Nanak gesungen, welcher lautet:

Eine Wirklichkeit nur gibt es,

den Unoffenbarten-Offenbar.

Sein Wort schon immer reine Wahrheit war.

Der Schöpfer ist Er, der alles durchdringt,

Der keine Furcht kennt, keine Feindschaft bringt.

Zeitlos, ungeboren, immer nur aus sich Selbst bestehend,

Vollkommen ist Er, nie wie der Wind verwehend.

Durch die Gnade Seines wahren Dieners des Meisters

Wird Er durch das Wort erkannt, so heisst es.

Er war da als da nichts war.

Er war vor dem Beginn der Zeit.

Er ist jetzt oh Nanak-und Er wird sein in alle Ewigkeit.

Sant Ji liebte es sehr, wenn diese Hymne gesungen wurde, und wir waren begeistert, sie erneut zu singen. Danach sagten wir im Namen Seiner erhabenen Gegenwart gute Nacht und stiegen die Stufen hinunter.

Bald erkannte ich, dass uns der Meister ein grosses Geschenk damit gemacht hatte, dass wir nach Rajasthan zurückkehren durften, da das Ausmass an Bewusstheit und Intensität, mit dem ich diesen zweiten Besuch erlebte weitaus grösser war, als beim vorhergehenden. Jetzt kannte ich den Ort schon gut, ich wusste genau wie alles ablief, ich war daran gewöhnt und liebte es gerade wegen all der Einfachheit und Ursprünglichkeit. Sant Ji war für mich der beste Freund geworden, mein Meister offenbart, und der Wegweiser meines Lebens. Ich empfand eine stets wachsende Verbundenheit mit ihm und nun floss er mehr und mehr in meinen Adern, genauso wie das bei meinem geliebten Herrn Kirpal gewesen war.

Dieser zweite Besuch war auch ein aussergewöhnliches Erlebnis und es geschahen viele kleine und grosse Dinge, die ihm einen einzigartigen Beigeschmack gaben. Der Meister hat die Fähigkeit, uns jedes Ereignis, jeden Tag und jedes Treffen wieder durchleben zu lassen. Er lebt in der lebendigen Gegenwart und ist sich der Notwendigkeit des Augenblicks genau bewusst. Dann wird er die richtige Geste und die passendsten Worte finden, um das höchstmögliche Bewusstsein, das höchstmögliche Erwachen bei den Menschen, mit denen er gerade zu tun hat, hervorzurufen. Daher suchen die Menschen die Gemeinschaft mit einem wahren Heiligen so sehr und sie kommen von überall zu ihm aus Osten und Westen, aus dem Süden und dem Norden. Natürlich ist der Tagesablauf immer gleich, sowohl bei diesem Retreeat wie auch in allen anderen die ich mit ihm hatte. Es ist nicht so, dass der Meister ein bizarrer Kerl ist, der die Szenerie improvisiert und seine Umgebung fortwährend verändert, um die Zeit interessant zugestalten und immer etwas Neues zu bringen. Nein, die Dinge um ihn herum verändern sich nur sehr wenig und nur wenn der Wandel von einer Notwendigkeit bestimmt wird, die aus den Tiefen der Seele herrührt, inspiriert von ganz oben, handelt Er entsprechend. Anderenfalls wird er die gleichen Dinge sehr interessant und lebendig mit einem immer neuen Geschmack zum Besten geben.

Die Mutter (die das Werk Sri Aurobindos übernahm) sagte:

„Der Drang nach äusserer Veränderung ist ein Hinweist auf einen Stillstand im inneren Fortschritt, wenn der innere Fortschritt kontinuierlich und intensiv ist, werden dir die gleichen Dinge immer neu, tiefgründig und interessant erscheinen."

So waren also auch diese zehn Tage und jede Begegnung mit Ihm wunderbar, jede Frage, die jemand stellte, für alle von Nutzen und jede Antwort offenbarend. Er hatte ja mit Russell Perkins über einen möglichen Aufenthalt in Italien sprechen wollen und nun war die Gelegenheit in dieser Gruppe sogar mit uns gegeben. Wir unterhielten uns und er freute sich natürlich über eine solche Möglichkeit, gab uns Ratschläge, wie wir diese Tage organisieren könnten und versprach, mit uns in Verbindung zu bleiben.

Als die zehn Tage zu Ende waren, fuhr Sant Ji (wie ich vorher schon erwähnt hatte) mit uns nach Delhi. Es kamen die Jeeps zum Ashram, um uns nach Ganga Nagar zu bringen und er lud uns vier Italiener ein, mit ihm im selben Jeep zu reisen. Was für ein Geschenk und wie gross die Dankbarkeit in unseren Herzen! Er sass neben dem Fahrer und wir mit Gurudev Singh (Pathi Ji) hinten. Die Fahrt dauerte zwei Stunden mit einer kurzen Pause und da wir noch vor der Abfahrt des Zuges in Gang Nagar ankamen, verbrachten wie die restliche Zeit im Haus einer seiner Schüler.. Als wir das Haus betraten, setzte sich Sant Ji mit gekreuzten Beinen auf das Sofa und wir, die wir mit ihm gereist waren (die anderen waren noch nicht angekommen), sassen um ihn herum, einen halben Meter von ihm entfernt. Was war das für ein Darshan! Sein Gesicht war so schön und strahlend, seine Augen sehr leuchtend. Wir sagten die ganze Zeit nichts, sondern tranken nur aus der Quelle seiner strahlenden Augen.

In Delhi blieb Sant Ji fünf Tage lang, bezog ein Zimmer in Pappus Haus und die vier Italiener, Russell Perkins und einige andere aus der Gruppe, die noch übrig waren (die meisten waren schon abgereist) schliefen auf dem Hausdach. Diese fünf Tage waren sehr schön und intensiv. Sant Ji hielt jeden Tag einen Satsang in verschiedenen Stadtteilen Delhis und wurde dann in ein Haus von Leuten eingeladen, um auch dort Satsang zu geben. Häufig betraten Schüler sein Zimmer, um dort seinen Darshan aus der Nähe zu bekommen, einige sangen ein paar Bhajans und immer fand etwas Besonderes statt. Dann war die Atmosphäre immer voller Liebe, Hingabe und die Kraft im Innern zeigte sich in ihrem besonderen Pol (Sant Ji) in zahlreichen Facetten der Göttlichkeit. In einem anderen Haus sass Sant Ji auf einem Sofa und Russell Perkins wurde gebeten, neben ihm Platz zu nehmen. All wir anderen waren dicht gedrängt um Ihn herum. Auf einmal kam eine alte Frau, die ihm das erste Mal begegnete und rief laut: „Aber du siehst ja genauso wie Meister Kirpal aus!" Sant Ji lächelte und auch alle anderen lachten, denn ganz eindeutig glich Sant Ji nicht Meister Kirpal, aber die Meisterkraft oder Gotteskraft, die den Menschen zeigen wollte, dass dies der menschliche Pol war, in dem sie wirkte, offenbarte sich einigen als Sant Kirpal Singh, anderen als Baba Sawan Singh und für viele auch als reines Licht und so fort.

Ich hatte Ihn schon zweimal bei den regulären monatlichen Satsangs im Ashram erlebt und ich erkannte, dass er durch grosse Autorität, Kompetenz und Ausdauer die Lehren des Weges der Heiligen darlegte. Jetzt sah ich ihn in Delhi jeden Tag öffentliche Satsangs halten und hier merkte ich, dass er immer Herr der Lage war. Er war sich immer dessen bewusst, eine Puppe in den Händen des Meisters zu sein und überliess sich vollkommen Seinem Willen.

Bald nahte der Tag seiner Abreise. Wir begleiteten ihn zum Bahnhof, sahen, wie er sein Abteil bestieg, wie er aus dem Fenster schaute, u solange bis der Zug sich zu bewegen begann. Da streckte er seinen Arm und seinen Kopf aus dem Fenster und winkte mit seiner Hand, solange wir ihn noch sehen konnte.

So endete meine erste Begegnung mit der neuen Form meines Meisters. Die gesammelte Wirkung all diese mit ihm verbrachten Tage, seine inspirierenden Worte, Seine süssen Blicke voll der Liebe, seine lichterfüllten Augen, die Begeisterung und Leidenschaft Gottes, die ihn beherrschten und ihn bewegten, waren so gross, dass sie auf diese Monate der ersten Begegnung und den vielen folgenden einen tiefen Eindruck hinterliessen. Als ich wieder in Italien war, hielt diese Zeit voll inspirierender Erinnerungen in meinem täglichen Leben an, und ich widmete mich so viel wie möglich meinen Meditationen. Seine Gestalt hatte mein Gemüt in Beschlag genommen, genaug wie es damals die wundervolle Gestalt Meister Kirpal bei meiner Begegnung mit ihm getan hatte. Wenn ich einen Augenblick lang einschlief, sah ich oft sein Gesicht und meine Träume wurden von seiner Gegenwart erfüllt.

OH AJAIB, HERR DER GNADE

Ajaib, oh Herr der Gnade, der Liebe und Barmherzigkeit,

Du lässt mein Herz frohlocken.

An diesem Tag kamst du zu uns von so weit,

Trugst Kleidung aus Lehm, um uns zu erlösen, brachst du dir deine Knochen.

Sant Ji, du bist die manifestierte Heiligkeit,

Du kamst herab, um uns das Leben zu lehren,

damit wir lernen zu lieben und Gott zu ehren.

Unvergleichlich ist deine Gestalt in ihrer Schönheit.

Dein Körper erstrahlt in Reinheit und Unschuld.

Unsere Seele ist in Erstaunen bei deinem Anblick gefangen.

Was können wir nur sagen, um dich zu rühmen in deiner Huld?

Welcher Tribut kann Dir zur Ehre gelangen?

Einen wie Dich gibt es nicht, Du genügst Dir allein.

Da wir sonst leiden, ist es wunderbar bei dir zu sein.

Du löst unsere Probleme, lenkst unser Schiff und lässt uns das andere Ufer sehen.

Unsere Seele wird zu deinem Antlitz gezogen.

Nur dich wollen wir, mit dir wollen wir in Einheit weitergehen.

Du wirst bei uns bleiben und unser Ich verschwindet in des Meeres Wogen.

Wenn die Morgendämmerung unserer Vereinigung mit Gott sich erhebt,

Dann lass den Herr Kirpal uns begrüssen der uns in mystischer Herzensumarmung miteinander verwebt.

DER PFAD DER HEILIGEN

Sant Ji Maharaj hat diese Welt am 6. Juli 1997 und 11:58 Uhr verlassen. Er starb an einem Herzinfarkt, ein schneller und guter Weg, von dieser Welt zu gehen. Er starb ohne Aufsehen, so wie er gelebt hat! Er bereitete sich auf seinen Tode Monate oder Jahre zuvor vor und auf die Umgebung, die er sich dafur wűnschte. Ein paar Tage naach seinem Tod hätte er eigentlich zu drei grősseren Retreats in Mexiko, Kalifornien und Kanada aufbrechen sollen. All seine Anhänger in Nord- und Sűdamerika hatten sich darauf schon eingerichtet und schon Vorbereitungen getroffen, an die Veranstaltungsorte zu reisen. Viele hatten schon das Flugticket gekuft, andere warteten schon dort. Niemand erwartete, dass er in wenigen Tagen diese Welt verlassen wűrde, ohne diese Programme auszurichten. So wurden wir alle von der Wirklichkeit eingeholt.

Ganz offensichtlich wollte er uns alle damit beschäftigt halten, um zu verhindern, dass eine grosse Menschenmenge aus aller Welt den kleinen Ashram in Rajasthan überrollte. Er wollte allein sterben, von allen entfernt und wenn mőglich ohne grosses Brimborium.

Zwei Jahre vor diesem Ereignis hiess er Gurmel Singh, mit dem Pflűgen eines bestimmten Feldes im Ashram aufzuhőren, weil sein Verbrennungsritus dort stattfinden solle.

Im Jahr zuvor war Gurmel Singhs Grossmutter gestorben und und seine Familie hatte beschlossen, die Asche in einem geweihten Fluss nach Tradition der Sikhs zu versenken. damals begleitete Sant Ji sie, der ihnen dann mitteilte, dass auch er wűnsche, dass seine sterblichen Űberreste in diesen Fluss gestreut werden sollten.

Ein Jahr vor seinem Tod, wollten Balwant und Gurmel ihren Hochzeitstag feiern und sie baten Sant Ji teilzunehmen. Er sprach: „Ja, ich will kommen, weil es im nächsten Jahr nicht mehr mőglich sein wird."

Vier Tage bevor er diese Welt verliess, schrieb er seinen letzten Bhajan und übergab ihn Gurmel, um eine Melodie dazu zu verfassen. Der Text lautet folgendermassen:

Wer sagt, dass ich sterben muss?

Ich muss das Haus Kirpals aufsuchen.

Langsam, sehr langsam muss ich diesen grossen

und weiten Ozean überqueren.

Ein törichter Tod beendet dieses Leben.

Auf dem Blatt des Lebens muss die Farbe Sawans aufgetragen werden.

Ich erfreute mich eines langen Lebens, dass ich nicht zu leben brauchte.

Ich muss nach Hause zurück.

Das Gespräch mit Kirpal findet statt

und die Meditation auf Naam, die notwendig ist, wird stattfinden.

Keiner sollte versuchen mich aufzuhalten; ich muss aufbrechen.

Es muss euch wirklich verlassen.

Entlasst mich, bitte entlasst mich voller Freude,

ich muss in meine Heimat zurück.

Wenn Ajaib es will, wird Er diesen Käfig öffnen.

Ich verbrachte genau zwanzig Jahre mit ihm. Das erste Mal traf ich ihn im Februar 1977 und er verliess und am 6. Juli 1997. Oft haben wir uns getroffen, so viel Gnade erfuhr diese Seele in seiner Gegenwart. Jedes Mal wenn ich bei ihm eintraf, geriet ich in einen Zustand voller himmlischer Güte. Frieden, Seligkeit, Entrücktheit, Ekstase waren die Nahrung, die es an all diesen göttlichen Banketts zu spesen gab. Nicht nur in seiner Gegenwart, sondern auch in seiner Abwesenheit, im Satsang und während all der Retreats, die wir hier im Ashram abhielten,auf Reisen in Italien und in andere Teile Europas, wo auch immer ich in seinem Namen und in dem von Hazur Kirpal hinging, war ihre Gnade immer in Fülle vorhanden. Ich weiss, dass mit dem Tod Sant Jis eine lange Zeit aussergewöhnlicher Verbindung mit den Meistern zu Ende ging, welche in mein Leben traten, um es in dieser spezifischen Existenz umzuwandeln, es so weit wie möglich zum Abbild unseres Vaters zu machen. Alles gute, das sich ereignet hat, geschah durch ihre unendliche Gnade und Alchemie. Alles was nicht zustande kam, ist meinen Begrenzungen und meiner Winzigkeit anzulasten. Möge ihre unendliche Gnade weiterhin diesen ihren unbedeutenden Sohn segnen, ihm helfen und ihm vergeben. Sie sollen in ihrer grossen Geduld dieses, ihr Werkzeug benutzen, um jedem ihre Liebe und ihr Licht zu schenken, den sie für geeignet halten. Ich weiss ganz sicher, dass von nun an meine Entwicklung fortschreitet, indem ich lerne, lehre und mit jenden Kontakt pflege, die das Gesetz der Affinität mitdiesem Fernsehkanal Gottes in Verbindung bringt. Summa summarum: von jetzt an gehe ich allein, wer mit mir gehen will, ist herzlich willkommen, sich dieser Karawane der Reisenden zum „NICHTS" anzuschliessen.

In diesem Teil des Buches möchte ich gerne über die Lehren diese Heiligen Weges der Meister auf eine einfache, direkte, lebendige, ncht-akademische, schematische oder theologische Weise berichten. Anhand lebendiger Beispiele mochte ich beschreiben, wie diese Lehren mein spiruellen Wachstum gefördert haben und worin ihr praktischer Nutzen besteht.

In Indien kennt man diesen Weg unter dem Namen „Sant Mat". Dies bedeutet „Der Weg oder der Pfad der Heiligen." Grosse Menschen hoher spiritueller Kraft sind in der spirituellen Szene Indiens seit den Tagen Guru Nanaks und Kabir Sahibs (1500) aufeinander gefolgt und hielten die spirituelle Tradition am Leben. Die wirklichen Begründer dieses Weges sind also die beiden grossen Meister, die im Mittelalter in Indien lebten. Kabir war ein Moslem, ein Weber, der in Benares lebte, dem Herzen des orthodoxen Hinduismus. Obwohl er in eine muslimische Familie geboren wurde, war er dem Hinduismus gegenüber offen genug, um sich einem Meister der Vasihnava-Richtung, nämlich Ramanada, anzuschliessen. Eindeutig hat diese Verbindung mit seinem Meister dazu geführt, dass er viele lehren und theologischen Elemente des Hinduismus annahm. Aus seinen Dichtungen wird es offenbar, dass sein Geist sehr gut in diesen beiden religiösen Traditionen zu Hause war und seine Verse sind voller Konzepte undmythologischer oder historischer Charaktere die für beide Traditionen typisch sind.

Kabir Sahib war zweifellos einer der grössten Meister aller mystischer Traditionen. So wie Maulana Rumi wird er mehr oder weniger von allen spirituellen Richtungen und von Menschen jeder Religion geschätzt, die sich mit seinen Werken befassen. Die Verse sind wunderschön, sowohl seine poetischen Ausdrucksformen, als auch der Pathos und die Intensität seiner Liebe zu Gott, welche so angenehmen und äusserst ansteckend sind. Sein Stil ist offen und direkt, denn er konnte die Heuchelei keiner Glaubensrichtung ertragen und machte sich auch frank und frei über blinden Glauben, die mechanischen Zeremonien und Riten, und Aberglauben jeder Art lustig. Ein anderer Aspekt den er an der indischenGesellschaft verabscheute war das Kastenwesen . Die Tatsache, dass sich die Hindus über die Moslems stellten, war für völlig unannehmbar. Auf der anderen Seite war die gnadenlose Aufteilung in Kasten und Unterkasten der Hindus bis zur Kleinlichkeit oft ein Grund für ihn, dies ins Lächerliche zu ziehen. Unter seinen Versen werden wir oft ähnliche Versen wie den folgenden finden:

„Oh Brahmane, in deinen Venen fliesst das gleiche Blut wie in meinen;

warum hältst du dich dann für überlegen?

Wir beide entstanden aus einem Tropfen Samen

und wir wurden auf die gleiche Weise geboren."

Guru Nanak wurde in eine Hindufamilie geborenen, aber der Punjab umschloss damals den grössten Teil des heutigen Pakistans. Dort bildeten die Moslems seit ihrer Eroberung Indiens aus dem Westen den grössten Bevölkerungsanteil, denn der erste indische Staat in den sie kamen, war eben der Punjab und viele liessen sich dort nieder.

Der Punjab (das Land der fünf Flüsse) war von ihnen auch heiss begeht, da er viele fruchtbare Ebenen hatte. Auch heute noch ist es der reichste Landesteil in der indischen Staatenunion. Obwohl Guru Nanak also von Geburt Hindu war, vertiefte er sich in viele typischen Eiegenarten islamischer Tradition und Kultur und war sich der verschiedenen Lehren und theologischen Details beider Religionen bewusst.

Guru Nanak führte wie alle grossen Lehrer jeder Nationalität und Religion von Anfang an ein ganz besonderes Leben. Es ereigneten sich viele wundersame

Gegebenheiten um ihn herum und seine Biographen erwähnen sie in ihren Werken. Er erlebte seine grosse spirituelle Erfahrung, als er eines Morgens, wie so oft, zum Fluss Ravi ging, um sich vor der Meditation zu reinigen. Danach setzte er sich dort an einen einsamen Platz und verbrachte drei Tage und Nächte in einem Zustand des Eintauchens in das göttliche Licht. Die Menschen und Familienmitglieder dachten, er sei ertrunken und waren freudig überrascht, ihn wiederzusehn, als er schon für tot erklärt worden war.

Nach diesem Erlebnis konnte Nanak das Familienleben nicht länger ertragen und machte sich auf eine lange Reise, die ihn nach Westen durch die ganze islamische Welt bis nach Baghdad, Mekka und Kairo führte. Schliesslich kehrte er nach Hause zurück, blieb dort eine Weile, bis er wieder den Drang verspürte, auf seinen Reise die Botschaft des Lichts und der Liebe zu verbreiten. Dies geschah vier Male so und jede Reise führte ihn in eine andere Himmelsrichtung. Das erste Mal war es der Westen, beim zweiten Mal besuchte er den südlichen indischen Subkontinent bis hin nach Sri Lanka, die dritte Reise unternahme er in den Osten bis nach Burma und die vierte in den Norden hinauf i die Berge des Himalaya.

Bann braucht es nicht extra zu erwähnen, dass er auf all diesen Reisen Begegnungen mit sehr besonderen Menschen hatte und sich Dinge ereigneten, die seine Biographen mit magischen und übernatürlichen Ausschmückungen versahen. Schliesslich kehrte er an seinen Geburtsort im Punjab zurück, und liess sich mit seiner Familie und seinen geliebten Ergebenen auf einem von ihnen gekauften Landstück nieder. Dort gründete er seine Gemeinde, wie „Kartarpur" (Stadt des Schöpfers) genannt wurde.

Die Hauptlinie dieser Meister setzte sich zuerst mit den zehn Sikh-Gurus fort: Guru Nanak, Guru Angad, Guru Amar Dev, Guru Ram Das, Guru Arjan, Guru Har Govind, Guru Hari Rai, Guru Hari Krishna, Guru Teg Bahadur und Guru Gobind Singh. Danach wurde diese Lehre ausserhalb der religiösen und institutionalisierten Sikhtradition weitergeführt, nämlich durch Meister, die sowohl dem Hinduismus als auch dem Sikhismus entstammten. Guru Gobind Singh entwarf die Glaubensdoktrin für den Sikhismus, um die freie Gemeinschaft seiner Anhänger, die aus dem Islam und dem Hinduismus kamen, in eine richtige Institution mit religiösen Zeremonien, die das soziale Leben regulierten zu verwandeln; auch mit Kennzeichen der Kleidung: Haare und Bart dürfen von der Geburt an nicht geschnitten werden; ein Turban, der den Kopf bedeckt, ein Messer, ein Kamm, ein Armreif, und eine besondere Art der Hose und Unterbekleidung, die sie von anderen unterscheiden.

Nach ihm bestand diese Meisterlinie hauptsächlich aus sechs Menschen, die den Geist der Übertragung des inneren Lichts und den Klangs vom Meister auf den Schüler am Leben erhielten. Dies waren Tulsi Sahib, der in Hathras lebte, Soami Ji Maharaj aus Agra, Baba Jaimal Singh aus Beas im Punjab, Baba Sawan Singh, der in Beas den Ashram seines Meisters fortführte , Sant Kirpal Singh, der seinen göttlichenAuftrag in Delhi und Sant Ajaib Singh, welcher sie in Rajasthan erfüllte.

Dies gibt aber nur die Hauptlinie seit der Zeit Guru Nanaks und Kabirs wieder. Es gab viele andere Zweige dieser Lehre und immer gab es auch andere Meister, die zur gleichen Zeit in anderen Teilen Indiens wirkten, eine mehr oder weniger grosse Rolle spielten und mehr oder weniger relevant waren.

Auf der anderen Seite sind verwirklichte Meister in allen Religionen, in allen Ländern und unter allen Völkern zu finden. Zur gleichen Zeit mit den Meistern, die diesen besonderen Weg lehrten, gab es viele andere grosse Meister in anderen Traditionen: Juden, Moslems, Christen, Buddhisten und Hindus. Beispiele hierfür sind Maulana Rumi (islamischer Mystiker), Franz von Assisi (Christ) und Sant Namdev (Hindu), welche Zeitgenossen waren. Sogar Kabir (Moslem), Guru Nanak (Hindu), St.Johannes vom Kreuz und Theresa von Avila (Christen) lebten zur gleichen Zeit. Dies sind nur wenige Beispiele, doch ich bin mir sicher, dass es viele weitere gibt, welche ich nicht kenne.

Wir befassen uns hier mit den letzten beiden grossen Meistern, die auf diesen Seiten auszugsweise beschrieben werden und mit denen diese Seele eine direkte Verbindung hatte. Worin besteht ihre Leere? Nun Sant Mat ist ihre philosophische Basis. Indem das Wesentliche aus der Sufitradition (Islam) und dem Hinduismus extrahiert wird, insbesondere die Überlieferung des Heiligen (Sant) , wurde dies im Sant Mat weiterentwickelt. Die Tradition der Sufis, der islamischen Mystiker, die ihrem Wesen nach an einen Gott glaubt (Monotheismus) und der menschliche Pol, der das Sprachrohr Gottes auf Erden ist, das von Ihm auserwählte Werkzeug, um das spirituelle Licht auf Seelen zu übertragen, die die mystische Vereinigung ersehnen und dazu bereit sind. Sicherlich beinhaltet der Sufismus viele weitere Lehren, doch erstere sind die wichtigsten Konzepte, die der Sant Mat vom Sufismus ableitete. Dem Hinduismus entstammt hingegen die Karmalehre (das Gesetz von Ursache und Wirkung) und die sich daraus ergebende Lehre der Reinkarnation, auch das Konzept von Samsara oder das sogenannte Rad des Lebens, in dem die Seelen fortwährend in einer endlosen Kette von Geburten, Tod und Wiedergeburten kreisen müssen. Die Kraft, die Seelen dazu zwingt, sich ständig Geburten und

Toden zu unterziehen, sind die Wűnsche, die sich immer wieder erneuern und sich vermehren. Die Begierde nach etwas Irdischem, die im Bewusstsein zur Zeit des Todes des Kőrpers vorherrscht,zwingt uns auf diese Welt wiedergeboren zu werden, um die Frűchte unserer Wűnsche zu ernten. Die zwingt die Seele, geboren zu werden und zu sterben und dann immer wieder auf diese Erde geboren zu werden, bis sie von allen irdischen Wűnschen frei wird und sich nur noch nach der Befreiung ständiger Wiedergeburten in der Verschmelzung mit Gott sehnt. Wenn wir erkennen, dass diese irdischen und vergänglichen Dinge kein wirkliches Glűck hervorrufen kőnnen, sondern in oft ein Grund erneuten Leidens sind und wir beginnen, den Wunsch nach Freiheit von diesem traurigen Spiel zu verspűren, so wie man nach Luft verlangt, wenn man ertrinkt, dann kommt das Leben in Gestalt des grossen Meisters zu unserer Rettung und sorgt dafűr, dsas es in unserem Leben Gelegenheiten fűr ein Wachtum gibt. Doch der Mensch wird mit seinen eigenen Kräften und Fähigkeit nie allein in der Lage sein, sein Geműt von jedem materiellen Objekt, von jeder Sinnesvergnűgung, und von jeder Verhaftung abzuwenden, um sich der ewigen Wahrheit voll und ganz zuzuwenden, welche von sich aus űberhaupt nicht von ihm wahrzunehmen ist.

Er bracucht Hilfe, Rettung und das Beispiel von jemandem, der diese Wahrheit ganz verwirklicht hat, diesen Bewusstseinszustand erreicht hat und von der unsichtbaren Kraft auserwählt wurde, Sein Sprachrohr in der Welt der Menschen zu sein; gerne nenne ich einen solchen Menschen „Seinen Vertriebsleiter des gőttlichen Produktes". Es ist der menschliche von Gott erwählte Pol, der als Leuchtbake fűr die im Dunkeln herumirrende Menschheit dient. Zu jeder Zeit, in jedem historischen Moment, hat es immer eine oder mehr authentische Meister auf dieser Erde gegeben, die die ewige Wahrheit verwirklicht haben und diese Rolle der Übertragung der Erleuchtung spielen. Es ist nicht wahr, dass die Heiligen, Propheten, Messiase, Avatare und Satgurus die weltbűhne nur zu bestimmten Zeiten betreten haben und zu anderen Zeiten nicht anwesend gewesen sein sollten. Die Menschen haben alle die gleichen Bedűrfnisse; Mutter Natur hat immer schon fűr alle Bedűrfnisse ihrer Kinder gesorgt; es gibt immer Nahrung fur die Hungrigen und Wasser fűr die Durstigen. Auch gibt es Seelen, die das Rätsel des Lebens lősen wollen und verzweifelt nach einem Rűckweg zu ihrem Ursprung suchen. Es gibt eine wundervolle Ode von Maulana Rumi, die erst als Prolog zu seinem grossen Prosawerk „Mahasnawi" (oder Matnawi) verwendete. In diesem Meisterwert beschreibt Rumi die Agonie der Seele, die den grossen Drang danach verspűrt, zu ihrem Ursprung zurűckzukehren, indem er dies mit dem klagenden Ton der Rohrflöte vergleicht. Dieses Gedicht lautet folgendermassen:

Lied der Rohrflöte

Hör auf der Flöte Rohr – wie es erzählt, und wie es klagt
Vom Trennungsschmerz gequält:
"Seit man mich aus der Heimat Röhricht schnitt,
Weint alle Welt bei meinen Tönen mit.
Ich suche ein Herz, vom Trennungsleid zerschlagen,
Um von der Trennung Leiden ihm zu sagen.
Sehnt doch nach dem in Einheit Lebensglück
Wer fern vom Ursprung, immer sich zurück.
Ich klagt' vor jeder Gruppe in der Welt,
Ward Guten bald und Schlechten bald gesellt.
Ein jeder dünkte sich mein Freund zu sein,
Sucht mein Geheimnis nicht im Herzen mein.
Und doch, so fern ist's meiner Klage nicht,
Dem Ohr und Auge fehlt nur das Licht.
So sind auch Leib und Geist einander klar.
Doch welchem Auge stellt der Geist sich dar
Kein Hauch, nein, Feuer sich dem Rohr entwindet,
Verderben dem, dem diese Glut nicht zündet.
Der Liebe Glut ist's, die in's Rohr gefallen,
Der Liebe brausen lässt den Wein nur wallen.
Die Flöte der getrennten Freundin,
sie zerreißt die Schleier, doch die Melodie
Wer sah als Gift, als Gegengift ihr Gleiches?
Wer sah als Tröster und als Freund ihr Gleiches?
Vom Pfad im Blute will das Ohr berichten,
Von <u>Madschnuns</u> Lieb erzählet es Geschichten.
Vertraut mit diesem Sinn ist nur der Thor,
Der Zunge Kunde höret nur das Ohr.
In Leid sind unsere Tage hingeflogen,
Und mit den Tagen Klagen mitgezogen.
Doch zieh'n die Tage, lass sie zieh'n in Ruh,
Wenn Du nur bleibst, der Einen reinster Du!
Der Fisch nur wird vom Meere niemals satt,
Lang wird der Tag dem, der kein Tagbrot hat.
Der Rohe kann den Reifen nicht versteh'n,
So soll mein Wort denn kurz zu Ende geh'n.

(Übersetzung Annemarie Schimmel)

Für jene sich nach Licht und Wissen sehnenden Seelen, die von dem sich ständig wechselnden Panorama des Lebens genug haben, kommen die grossen Meister um sie wissend zu machen. Durch ihr Beispiel, statt durch Vorschrift, inspirieren sie die Menschen, hr Gemüt der Tiefe des Selbst zuzuwenden, indem sie sich von der Welt und der äusseren Umgebung zurückziehen, von den Sinnen und dem ganzen Körper, um ihre Aufmerksamkeit dann auf den Sitz der Seele im Körper in der Mitte der Stirn zu richten.

Um ein Beispiel aus der Praxis zu geben: wer dieses Buch von Anfang an gelesen hat, wird wissen, dass ich, bevor ich das erste Mal für ein Jahr lang nach Indien kam, eine erste Stufe der spirituellen Erleuchtung in Amsterdam hatte. Ich hatte alle Zeit, wie ich konnte der Mediation gewidmet. Ja, manchmal hatte ich einen gewissen Erfolg dabei, eine plötzliche Eröffnung, ein Versprechen: „Du wirst noch dein Ziel erreichen", aber meist war es so wie das Einschlagen auf eine Mauer, solch ein dichtes Netzwerk von scheinbar undurchdringlichen Gedanken. Ich versuchte es und versuchte es immer wieder aber die Augenbicke vollständiger Konzentration waren selten und nur bei wenigen Gelegenheiten kostete ich ein wenig vom Frieden und vom Licht.

Als ich schliesslich zu Füssen des höchsten Vaters Kirpal ankam, änderte sich mein Gemutszustand, mein Bewusstsein auf äusserste. Ich wurde so sehr nach oben getragen, dass ich mich nicht mehr an meinen vorherigen Zustand erinnern konnte. Damit meine ich, dass all meine Anstrengungen, Erfolge und Augenblicke des Versagens, im Vergleich mit der sofortigen freien Transformation, die sich bei der Begegnung mit ihm ereignete, so wie die Anstrengungen einer Ameise sind, die versucht, einen Stein zu schleppen und ihn nicht einmal zum erzittern bringt, obwohl ein Mensch in sich greifen und eine grosse Entfernung damit zurücklegen kann. Der grosse Maulana Rumi sagte ganz richtig, dass eine halbe Stunde, die in der Gesellschaft enes Heiligen verbracht wird, wertvoller und wirksamer ist, als fünfzig Jahre zu versuchen, allein zu meditieren.

Heutzutage gibt es die weitverbreitete Tendenz, von Anfang an unabhängig sein zu wollen und die Gemeinschaft mit einem Meister des Lebens und des Geistes sinnlos oder unnötig anzusehen. Ohne in die lange Lehre bei einem Meister zu gehen und nach minimaler Erfahrung auf diesem Gebiet, will ein jeder sogleich ein Guru sein, der gegen Bezahlung die Meditation lehrt und so aus der Spiritualität einen Beruf macht. Es gibt viele spirituelle Lehrer, die von ihren Anhängern bestimmte Verhaltensmassregeln verlangen, die Schriften zu studieren, mit körperlichem Yoga zu beginnen (Hatha Yoga), sich dann auf die verschiedenen Chakren zu konzentrieren (Energiezentren im Kőrper, die bei den endokrinen Drűsen lokalisiert sind: der Epiphyse, Hypophyse, Schilddrűse, Thymus, Pankreas und Nebenniere, Prostata, Hoden bzw Eierstőcke und Uterus bei den Frauen), um diese Zentren zu aktivieren, und andere Dinge mehr. Ja, man kann selbst mit solchen Mitteln Ergebnisse bekommen, aber solange man keinem Adepten des mystischen Wegs begegney, einem der die innere Reise von Anfang an (dem physischen Kőrper) bis zum Ende (dem Zustand des Überbewusstseins oder der vollkommenen Verschmelzung mit Gott) gemacht hat, werden diese Beműhungen fruchtlos sein und uns mehr oder weniger unverändert lassen.

Heutzutage in der Welt des soagenannten New Age wird eine Vielzahl von Techniken und Methoden angeboten, die als Mittel der Transformation und des Erwachens angepriesen werden. Jeder erfindet Mehtoden und bieten Techniken an, die er oft nur unvollständig von ebenso Unvollkommenen gelernt hat und dafűr verlangen sie von den Teilnehmern eine Menge Geld. Es ist daraus ein Marktplatz entstanden, auf dem Exstase , Frieden und Erweckung verkauft wird. Wo man frűher Trockenobst und Chips verkauft hat, gibt es nun Kundalini Yoga, Tantra Yoga und neu entdeckte Yogaformen, die so unverständlich beschrieben werden, dass sie nicht einmal die sie Anbietenden erklären kőnnen. Von den zahllosen Yogatherapien, die tagaus tagein neu entstehen, will ich gar nicht erst sprechen. Das heisst nicht, dass das alles nur fűr den Ascheimer tauge, denn es gibt einige, die kompetent sind und gute Methoden mit ernsthaftem Hintergrund und einem Geist des Dienens lehren, aber diese Leute sind in der Minderheit.

Ein wahrer Meister ist jedoch etwas anderes. Zu allererst wird er den preislosen Schatz Seiner Gőttlichkeit kostenlos und frei verteilen. Kirpal Singh sagte: *„Die Spiritualität ist eine freie Gabe der Natur, so wie das Leben, die Luft und das Wasser. Das gőttliche Licht und Seine Stimme, der Tonstrom, sind in der ganzen Schőpfung gegenwärtig und das alleinige Eigentum der unsichtbaren Gotteskraft. Niemand kann sie mitnehmen und an andere verkaufen. Wer zu einem Vertriebsleiter dieses Produktes wird, wird es kostenlos und in einem Geist grosser Hingabe verteilen."* Wenn unser Meister (Ajaib Singh) von den Veranstaltern seiner vielen Vorträge auf der ganzen Welt verlangt hätte, dass diese hunderte oder tausenden von Menschen ein Eintrittgeld zu kassieren, wäre er ein Milliardär vielleiht mit einem eigenen Flugzeug und hundert Rolls Royce geworden. Er blieb aber der einfache Bauer wie zu Beginn, reiner und einfacher als zuvor, reiner selbst als die Wahrheit und er versorgte den Sangat, der monatlich zu tausenden in seinen Ashram kam mit den Frűchten von seinen

Feldern, die in seiner Küche zubereitet wurden und verteilte alles selbstlos an die Teilnehmer.

Nun mag sich der leser fragen, woraus die mystische oder esoterische Lehre dieser erhabenen Heiligen der höchsten Ordnung bestehen. Diese Instruktoren der Menschheit lehren, dass der absolute Gott nicht zu erkennen ist, unbeschreibbar und jenseits menschlicher Vorstellungskraft. Er wird nur von einem erkannt, der Ihn sieht und in Ihn eintaucht. Er befindet sich jenseits aller Schopfungsebenen: der physischen, astralen, kausalen und überkausalen. Von diesem Ursprung aus gehen unbeeinflusst durch die Zeit die ersten Strahlen der Energie aus, die Schöpfungskraft, die zwei Aspekte hat: das innere Licht und den inneren Ton oder den Tonstrom. Diese Schöpfungskraft, offenbart sich auf verschiedenen Schopfungsebenen, indem sie immer dichter wird, den vielen Bewusstseinsebenen, von denen die Seele aus wirkt. In ihrem Abstieg erschafft diese zum Ausdruck gebrachte Kraft Gottes, die der Sant Satguru (vollkommener Meister der Wahrheit) „Naam" nennt, fünf Ebenen der Schöpfung und jede wird mit einem besonderen Namen bezeichnet. Bei der Initiation werden dem Neuling zwei Meditationstechniken beigebracht, durch die er mit dem inneren Licht und Ton in Verbindung kommen kann, welche sich am sechsten Chakra, dem Ajna Chakra offenbaren. Dieses korrespondiert mit der Hypophyse, einer endokrinen Drüse, welche für alle Körpersysteme von grosser Bedeutung ist. Dies ist die wichtigste Stelle, um sich bei der Meditation zu konzentrieren und wenn wir unsere Augen schliessen, sammelt sich unsere Aufnahmerksamkeit automatisch an dieser Stelle. Bei anderen Yogaarten wird gelehrt, dass die Aufmerksamkeit auf die anderen fünf Chakras entlang der Wirbelsäule gesammelt werden soll. Doch diese Methoden sind weder natürlich noch notwendig. Sie sind nicht natürlich, weil wie ich schon erwähnte, unsere Aufmerksamkeit beim Schliessen der Augen automatisch zum Ajna Chakra, dem dritten Auge geht, nicht zum Hals, Herzen, etc. Sie sind nicht notwendig, da diese Chakras mit einander verbunden sind uns sich untereinander austauschen und wenn später das Kronenchakra geöffnet und aktiviert ist, sind es die anderen automatisch auch. In seinem Buch „Die Krone des Lebens, im Kapitel „Der Surat-Shabd-Yoga" (wie dieser Pfad auch genannt wird) schreibt Meister Kirpal: „sammelt die Aufmerksamkeit am Sitz unserer Seele dem Ajna Chakra, an dem wir uns in unserem bewussten Zustand aufhalten und begebt euch geradewegs nach oben mit der Hilfe des Tonstroms,... um Sahasrar zu erreichen." (tausendblättriger Lotus).

Dieses Ajna-Chakra befindet oben hinter der Stirn und ist der Sitz der Seele, dort sammelt sich die Aufmerksamkeit oder Surat, wenn wir unsere Augen schliessen, um zu schlafen. Wenn ihr auf der Spitze eines Berges steht, werdet ihr nicht nach unten steigen mssen und dann wieder nach oben, sondern konnt auch gleich dort oben bleiben. Wenn eure Aufmerksamkeit automatisch an diese Stelle kommt, weshalb sollte man sie dann auf unnatürliche Weise zu anderen Chakren lenken? Naam, das göttliche Licht, das von oben herabkommt, erhebt sich nicht wieder vom Rektum, daher müssen wir uns auf den Sitz der Seele in der Mitte der Stirn konzentrieren, dem Ort, an dem die individuelle Seele im Körper die Universelle Seele kontaktiert, die von oben herabkommt und uns vollständig durchdringt.Ausserdem kann die Konzentration auf diese anderen Zentren sehr gefährlich sein, wenn sie nicht korrekt und nacheinander ausgeführt wird, denn dadurch können unkontrollierbare Energien und Instinkte in uns erweckt werden. Heutzutage bieten viele Seminare und Kurse mit dem Ziel an, die Kundalinikraft an einem Wochenende zu erwecken, oder zur gleichen Zeit die komplizierten Tantratechniken zu lehren. Die wahren Meister dieser Techniken verlangen vom einem Neuling verschiedene Übungen, die als Vorbereitung oder Reinigung dienen, bevor er von solchen Techniken erfährt. nur nachdem der kandidat ein wirklich tiefes Interesse in Verbindung mit einer lauteren Absicht nachgewiesen hat, werden diese bestimmte Techniken unterrichtet. Es ist absurd, aber so geschehen die Dinge in dieser schnelllebigen Welt, in der die Menschen die Erleuchtung auf die gleiche Weise und in der gleichen Zeit erlangen wollen, wie man sich einen Espresso zubereitet. Viele Menschen, die nach einer Lösung des Rätsel des Lebens suchen und für ihre Probleme, wenden sich an die vielen Angebote, die durch die vielen New-Age-Magazine huschen und sehr oft finden sie sich in grösseren Schwierigkeit als zuvor. Einige kommen aus mit einem völlig verwirrten Verstand aus diesen Seminaren, sie springen, wie wir Italiener sagen, von der Bratpfanne geradewegs ins Feuer.

SIMRAN

Bei der Einweihung (Initiation) wird der Aspirant mit den fünf heiligen Namen Gottes verbunden, sie Er selbst gegeben hat und welche die fünf Schöpfungsebenen bezeichnen. Diese Namen sind von der Meisterkraft aufgeladen und wirken auf die Seele wie eine magnetische Anziehung von oben. Im Kapitel, in dem ich über meine Initiation berichte, beschrieb ist, welche Wirkung sie hatten, als der Meister sie mir gab und dies zeigt ihren Sinn und ihren Wert. Indem man sie wiederholt, beruhigt sich das Gemüt. konzentriert sich am Sitz der Seele und das innere Licht offenbart sich. Die Wiederholung dieser heiligen Namen ist von seiner Bedeutung her die hauptsächliche Übung des Meisterweges und nicht nur dort, sondern auch in vielen anderen Traditionen der Mystik. So kommt es, dass der Sufismus, die Vaishnava Bhakti Bewegung,die Shivaiten, Buddhisten, die christliche Ostkirche fast jede mystische Ausübung, der man Respekt zollen kann, eine grosse Betonung und Bedeutung auf die Wiederholung des einen oder anderen der vielen Namen Gottes legen. Es heisst, dass es zwischen dem Namen und dem Benannten keinen Unterschied gibt und wir durch das Wiederholen des heiligen Namens Gottes mehr und mehr in seiner Farbe gefärbt werden, was bedeutet, dass wir in Seinen Magnetismus geraten und nach und nach die Kraft hinter demNamen entdecken. So kommt es, dass die verschiedenen spirituellen Ricchtungen diese Übung mit verschiedenen Bezeichnungen belegen: Simran (fortwährende Erinnerung), Japa (andauernde Wiederholung), Dikhr oder einfach nur als anhaltendes Gebet. Es gibt verschiedene Bücher, die diese Übung empfehlen und die Wirksamkeit der Methode beschreiben, aber wenige sind so inspirierend wie „Erzählungen eines russischen Pilgers". Schon in der Einleitung habe ich berichtet, wie sehr mir dieses Buch in all den Jahren geholfen hat und wieviel Ermutigung und Inspiration ich durch es gewonnen habe, aber hier möchte ich näher darauf zurückkommen.

1974 als ich mich von meinem letzten Sanatoriumaufenthalt erholte und so viel meditierte wie möglich, gabe es einen Initierten des Meisters, der mir von diesem Buch berichtete. Seit ich meine Suche begonnen hatte, war ich zu einem begeisterten Leser spiritueller oder mystischer Werke geworden und fand eine grosse Hilfe, Inspiration und Vergnügen beim lesen dieser Bücher, egal welcher Richtung der Mystik sie entstammten. Unter den wichtigsten waren „Autobiographie eines Yogi" von Paramahansa Yogananda, die ich viele Male immer wieder gelesen habe. „Auf der Suche nach Gott" von Paramahansa Ramakrishna", die Literatur über Franz von Assisi, die verschiedenen Bücher

Sant Kripal Singhs, und die theosophischen, christlichen und buddhistischen Standardwerke. Während ich „Erzählungen eines russischen Pilgers" las, wurde ich sofort von der Umgebung des zaristischen Russland gefangen genommen, als die Ostkirche noch so lebendig war und eine aus dem Herzen kommende Religiosität hatte mit all ihren Ikoenen, Klöstern, Eremiten und Heiligen voll der Spiritualität und mit ihrer Ernsthaftigkeit dem Leben gegenüber. Ich erfuhr, dass die Praxis der Meditation seit den Tagen der Apostel ihren Geist genährt und zur Erleuchtung vieler geführt hatte. Dies geschah durch die blosse Wiederholung des Jesusgebetes, welches aus folgenden Worten besteht: „Herr Jesus Christus, sohn Gottes, erbarme Dich meiner." Es ist eine eindringliche Erzählung, die jeden der nach Gott sucht, auffordert sich dafür wirklich anzustrengen. Zumindest bei mir war es so, als ich dies buch las und ich dachte: „Wenn er das konnte, warum nicht auch ich?" Aber wovon handelt der Text? Ich denke, es macht Sinn, die wichtigsten Stellen der Erzählung zusammenzufassen.

Die „Erzählungen eines russischen Pilgers", sind ein anonymer, aber autobiographischer Text, welcher davon handelt, dass ganz plötzlich in seinem Leben seine Frau krank wurde und bals starb. Er konnte nicht arbeiten, da sein arm gelähmt war und nur seine Frau hatte als Näherin genug Geld für sie beide verdienen können. Jetzt war sie gestorben und er konnte sich nicht seinen Lebensunterhalt verdienen und so beschloss er, das Haus zu verkaufen, alles den Armen zu schenken und ein Eremit zu werden. Er hatte schon immer eine starke religiöse Ader und eine grosse Liebe zu Gott gehabt und so entschied er, den Rest seines Lebens damit zu verbringen, verschiedene Pilgorte, die in ganz Russland verteilt waren, zu besuchen. Bei seinen Wanderschaften kam er eines Abends in eine Kirche und hörte den Priester aus einem Brief des Apostel Paulus zitieren „Ihr sollt ohne Unterlass beten." Dieser Satz erweckte seine Aufmerksamkeit, blieb in seinen gedanken und er konnte nicht mehr davon lassen. Später überlegte er fortwährend: was heisst es zu beten ohne Unterlass, ohne Unterbrechung, wie soll das funktionieren? Er las die Bibel, die er mit sich trug, das einzige was ihm noch gehörte und suchte die Stelle auf, die der Priester erwähnt hattte. Er stellte fest, dass die Empfehlung des Apostels mit dem was er in der Kirche gehört hatte, übereinstimmte. Aber damit erklärte sich nicht, wie man es in die Praxis umsetzen konnte, noch konnte er es vermuten oder intuitiv erfassen. Also entschloss er sich, jene im relgiösen Umfeld zu befragen, grosse bekannte Theologen, Experten und Kommentatoren des heiligen Textes.

Jedoch erhielt er darauf keine Antwort und keiner konnte ihm sagen, wie er diese Anweisung umsetzen sollte. Als er eines Abends wieder einmal auf eine seiner endlosen Wanderungen ging, gesellte sich ein älterer Mőnch zu ihm und fragte ihn, whin er denn wolle. Er konnte darauf keine eindeutige Antwort geben und so bat ihn der alte Mőnch, ein paar Tage im Gästehaus seines Klosters zu verbringen. Der Eremit erwiderte, dass er nicht nach so etwas suche, dass er in seiner Tasche genug trockenes Brot habe, von dem er eine ganze Weile lang leben kőnne und dass er auch einen Unterschlupf finden wűrde; es sei jedoch sein spiritueller Hunger, welcher sich nicht stillen liesse. Der Monch bat ihn zu erklären, weshalb er sich denn so quäle und der Pilger berichtete das oben Gesagte. Der Mőnch hőrte ihm zu und lud ihn ein, mit in sein Kloster zu kommen: dort seien viele Väter, erfahren im fortwährenden Gebet. So folgte ihm der Pilger und als sie zum Kloster kamen gingen sie in die Zelle des Mőnchs, der sprach: „nun wollen wir einmal sehen, was die Kirchenväter über diese so wichtige Sache an Ratschlägen gegeben haben." Er nahm also die Filokalia, das heilige Buch der orthodoxen Kirche zur Hand, welches einige Reden der Wűstenväter beinhaltet und las daraus ein par Passagen vor, welche detailliert erläuterten wie eine solche Anweisung umzusetzen sei. Als erstes stand dort, dass das Gebet nicht lang und kompliziert sein solle, sondern hauptsächlich aus der einfachen Formel „Herr Jesus Christus, Sohn Gottes, erbarme dich meiner" bestehen müsse, oder noch einfacher „Herr Jesus Christus,erbarme dich." Die Hauptsache sei der Name Christi, als einer der Namen Gottes, welcher einer solchen Wiederholung Kraft verleiht. Dann erklärte der Aufschnitt aus der Filokalia noch, wie man solch eine Wierholung ausüben solle und riet dazu, mit geschlossenen Augen still dazusitzen, sich zu entspannen und diese Formel mit einer gewissen Häufigkeit und Methode zu wiederholen (fűr genauere Angaben sollten Sie die „Erzählungen eines russischen Pilgrims" lesen.

Der Mőnch lehrte ihn diese Űbung umzusetzen und er gab ihm eine Art der Einweihung. Der Pilger verbrachte ein paar Tage im Kloster, musste aber doch wieder aufbrechen und fand glűcklicherweise eine Unterkunft bei einem nahen Bauern. Er wohnte dort in einem Holzverschlag, wo er das Gelernte umzusetzen versuchte. Zuerst ging alles gut, doch bald stellten sich Schläfrigkeit, Trägheit und Abgelenktheit ein, so dass er nicht damit fahrtfahren konnte. So ging er zűrűck zum Mőnch, der sein spiritueller Fűhrer geworden war und berichtete ihm, was ihm widerfahren war. Der Mőnch sprach: „Es scheint, dass du fűr diese innere Űbung nicht bereit bist, du musst mit etwas mehr im äusseren stattfindenden Űbung beginnen." Er holte also wieder die Filokalia und las aus einem anderen Kapitel vor, in dem einer der Kirchenväter erklärte, was in einem solchen Fall zu tun sei. Der Pilger war noch nicht bereit, mit der mentalen Wiederholung, der Zunge der Gedanken, zu beginnen, sondern musste mit einer wörtlichen Wiederholung anfangen, dem gesprochen Wort. Der Mönch gab ihm einen Rosenkranz und trug ihm auf, die Formel täglich dreitausendmal zu wiederholen. Der Rosenkranz sollte ihm dabei helfen und so das zählen erleichtern. Der Pilger danke seinem spirituellen Vater und verabschiedete sich mit dem Rat, in einer Woche wiederzukommen, um zu berichten, wie es so liefe.

Also begann er diese Wiederholung zu üben, wo immer er sich befand und brachte es fertig, die dreitausend Mal schon am frühen Abend zu erreichen. Nach einer Woche berichtete er dem heiligen Vater wie er zurecht gekommen war. Dieser war sehr froh darüber, dass er Erfolg hatte und sprach: „Nun von nun an mache es sechstausend Mal." Er bat ihn, wieder in einer oder zwei Wochen mitzuteilen, wie es so ginge. Am ersten Tag fiel es schwer die Wiederholungen zu verdoppeln, aber nach wenigen Tagen, hatte er sich daran gewöhnt und fiel ihm leicht. Diese Wiederholung fing an, ihr ersten Auswirkungen zu zeigen und er empfand in seinem Herzen eine immer grösser werdende Liebe zu Gott, eine innere Wärme und Berauschung, die ihm seine Behausung wie ein Königspalast erscheinen liess. er war so glücklich, dass es ihm so gut ging und er eine so grosse Freude empfand nur durch die Wiederholung des Namens Gottes und indem er seine Gnade erbat.

Als er zum Pater zurückkam und ihm ausführlich beschrieb, wie es ihm ergangen war, war dieser sehr froh über seine Erfolge und empfahl ihm die Wiederholungen erneut zu verdoppeln. „Jetzt sprich zwölftausend Wiederholungen und komme nach einiger Zeit wieder und berichte erneut." Der Pilger erblasste bei dem Gedanken an so viele Wiederholungen, doch er vertraute seinem spirituellen Vater und gehorchte. Am ersten Tag ging er spät zu Bett, damit er die Wiederholungen schaffen konnte, der zweite Tag verlief etwas besser und nach wenigen Tagen mehr konnte er seine zwölftausend

Wiederholungen so verrichten wie zuvor die sechstausend. Auch kamen dadurch Ergebnisse zustande, die noch intensiver und tiefer waren, als mit den sechstausend Wiederholungen und die Liebe, die in seinem Herzen wuchs zu einer Flamme heran, in der alle menschlichen Unvollkommenheiten und Begrenzungen verbrannt wurden. Bald erfuhr er erhabene Zustände göttlichen Bewusstseins und erkannte, dass das Wiederholen von Gottes Namen bedeutet, sich mit diesen zu verbinden oder zu identfizieren. Zwischen dem Namen und dem Benannten gibt es keinen Unterschied und wenn man alle anderen Gedanken aus dem Gemüt löscht und sie nur auf den heiligen Namen Gottes richtet, dann gelangt man in einen hohen Bewusstseinszustand, in dem man in direkter Wahrnehmung all die Wahrheiten erkennen kann, die unentdeckt vor Aussenstehenden in der Tiefe der mystischen Vereinigung zu finden sind.

Er besuchte also wieder seinen spirituellen Vater und berichtete ihm, was ihm widerfahren war, als der die heiligen Worte zwolftausendmal wiederholte. „Nun, ab jetzt brauchst du nicht länger die Wiederholungen zählen, fahre mit dem Wiederholen fort und zu gegebener Zeit wird dir alles gegeben werden, zu rechten Zeit wirst du die Führung und die Lehren erhalten, die notwendig sind."

Wenig später verlies der spirituelle Pater diese Welt, doch zuvor schenkte er dem Pilger noch seine Kopie der Filokalia, welcher zu seinem geliebtem spirituellen Sohn geworden war. Der Pilger hatte keinen Grund, noch länger an diesem Ort zu verweilen, nahm die Tasche, mit der Ausgabe der Bibel und der wertvollen Filokalia und machte sichmit etwas trockenem Brot auf den Weg. Es war nicht mehr das Gleiche, da er nun ständig die sachte Erinnerung des heiligen Namens Gottes als Begleitung hatte, welcher sein Herz mit süssen Gefühlen der Liebe und einer tiefenWahrnehmung des Gottlichen erfüllte. Ab und zumachte er Ras, um sich intensiver mit den heiligen Texten zu befassen, um Führung und Rat darüber zu finden, wie er fortschreiten und der inneren Wiederholung stärker zur Wirkung verhelfen könne. Mit dieser Wiederholung machte er aussergewöhnliche Erfahrungen und allmählich drangen sie tief in sein Herz ein und brchten ihn mehr und mehr der mystischen Vereinigung näher.

Als ich diese Geschichte las, wurde ich von einer so grossen spirituellen Begeisterung erfasst, einem Wunsch, diese fortwährende Erinnerung der heiligen Namen in mein Leben zu integrieren, dass ich beschloss, es dem Pilger gleich zu tun. Damals erholte ich mich gerade von meiner Tuberkulose und meditierte durchschnittlich bereits sechs Stunden täglich, aber ich beschloss, die Wiederholung des Simran (der fünf heiligen Namen Gottes, die vom Meister zur Zeit der Initiation gegeben werden) andauernd zu pflegen, auch wenn ich nicht meditierte. Bald bemerkte ich die Feindschaft des Gemüts, welches sich gegen eine grössere Anstrengung sträubte und sich mit neuen Kräften zu behaupten versuchte. Ich wandte alle Methoden und Möglichkeiten an, diese Hindernisse zu überwinden, ich wiederhole die Namen mit dem Rosenkranz, laut, geflüstert, in Gedanken und sang sie, aber ich gab nicht auf und so ging es drei Tage lang weiter. Bald war ich mit innerer Energie gesättigt, als wäre ich von einer anderen Welt. Sobald ich mich still zur Meditation setzte, sammelten sich die Ströme der Seele wie von selbst und ich war tief jenseits des Körperbewusstseins versunken.

Doch erkannte ich, dass dieser Zustand der Nachinnenkehr und solcher Tiefe eine grosse physisch-menrtle Stabilität erfordert, eine mentale und spirituelle Stärke, die ich noch nicht besass. Nach ein paar Tagen merkte ich, dass ich noch nicht für einen so tiefen Tauchgang in das totale innere Selbst bereit war und so verminderte ich die Intensität der Wiederholung und kehrte zu meiner normalen Meditationszeit zurück. Aber die Erinnerung dieser Erfahrung führte mich in all den Jahren und seitdem wollte ich immer die Stärke und Intensität erlangen, um es erneut zu versuchen. Das Leben verläuft in Zyklen und alles wiederholt sich nach einiger Zeit. Also ich also sieben Jahre später im Ashram in Ribolla lebte und schon mit Irena verheiratet war, geschah es, dass wir eines Tages beim Einkaufen in Grosseto in eine Buchhandlung kamen, welche auch Bücher des Paulinenverlages verkaufte und ich erinnerte mich an das Buch „Erzählungen eines Russischen Pilgers". Ich fragte danach und sie ahtten es vorrätig. Ich kaufte es und verbrachte sofort die nächsten Tage mit seiner Lektüre. Damals reiste Irena zu ihrer Mutter nach Slowenien du ich blieb zuhause allein zurück. Wieder spürte ich ein grosses Verlangen nach göttlichen Dingen und so kehrte ich zu der Art der Wiederholung von vor sieben Jahren zurück und fand mich bald in einer neuen Realität des Lebens wieder. Als Irena wiederkam befasste ich mich daher mit dieser Übung und schlug ihr vor, es auch zu versuchen. Bald erlangten wir einen Zustand wundervoller Erfahrung, der fast zwei Monate anhielt. Wir erreichten so viele erhabene und hohe Bewusstseinszustände, es war uns, als sei der Ort zu einem Zauberland geworden sein und die Atmosphäre magisch, voller Liebe und Berauschung. Wir empfanden eine starke Wahrnehmung von Transzendenz und Staunen und die spirituelle Gegenwart der drei Meister (Sawan, Kirpal, Ajaib) erfüllte die Luft und sie waren allgegenwärtig. Jedoch muss das menschliche Gemüt allmahlich an solche Höhen gewöhnt werden, sonst stellen sich Schwindel und Verwirrung ein. Langsam fühlte ich die Intensität der Empfindung wieder abnehmen, das Gemüt konnte eine solch intensive Konzantration nicht länger ertragen, wollte sich entspannen und durch die leeren, nutzlosen Gedanken irdischer Dinge streifen. Vergangenes was nicht mehr existiert, Gegenwärtiges ohne Sinn und von Unsicherheit umgebenes Zukünftiges. Dieses mal gelang es mir zwei Monate lang so intensiv zu leben und ich erkannte, dass es wirklich nur eines Sache des Trainings ist, welches (zumindest in meinem Fall) mehrere Anläufe erfordert, um schliesslich dazu fähig zu sein, das Herz in fortwährender Erinnerung an Gott zu halten.

Jahre vergingen, bevor sich ein weiteres derartiges Erlebnis einstellte. Nicht, dass ich im täglichen Leben nichts derartiges tat; ich meditierte jeden Tag mehrere Stunden und stand dazu immer früh morgens auf. Auch tagsüber versuchte ich immer wieder die heiligen Namen zu wiederholen, aber was ich in jenen Perioden besonderer Gnade tat, war vollkommen anders. Die Intensität, welche sich aus konstanter und hartnäckiger Wiederholung entwickelte, führte dazu, dass ich ein anderes Handlungsfeld eintrat, die Ebene aller Möglichkeiten wo das Wort „unmöglich" sinnlos wurde. Es war so, als ob Gott in meinem Dienst stünde und alles was sich ereignete hatte eine ganz besondere Bedeutung. Immer wenn ich las, dachte oder sagte, kam eine so tiefe Erfahrung zustande, die ein echter Ausdruck der absoluten Wahrheit war. Wenn ich meditierte war ich sofort darin versunken und genoss dies, ohne dass ich es in Worten ausdrücken kann. Als ich Satsang hielt, erschien mir das Vorlesen von so tiefer Bedeutung, als ob Gott selbst spräche.

Solches geschah noch be anderen Gelegenheit in jenen Jahren und besonders 193-1994 während des ersten Retreats von Sant Ji Maharaj erfreute ich mich vier Monate lang einer intensiven Wiederholung der Namen. Auch jene Zeit war unvergesslich und vielleicht hatte ich nie zuvor wie bei dieser Gelegenheit die Früchte der fortwährenden Erinnerung der heiligen Namen Gottes so stark erfahren und die veschiedenen Bewusstseinszustände, welche sie hervorrufen und deren Auswirkungen. Zu allererst entwickelt sich im Herzen eine starke Liebe zu Gott, sie wird gleich einem brennenden Feuer. Dann entsteht daraus gleichsam ein Rauschzustand, in dem man Ekstase und Glück erlebt und schliesslich klart das Gemüt und das Bewusstsein auf, als ob sich der Nebel und Dunst, der es sonst verdunkelt weggewischt wird, woraus sich eine Erfahrung der Klarheit der Visionen und Wahrnehmung ergibt, den sich jene, die das nicht erlebt haben, nicht vorstellen können. In diesen vier Monaten hatte ich die höchsten Erfahrungen und empfanf Dinge, wie nie zuvor auf eine sehr klar und einleuchtende Art und Weise. **Ich erkannte klarer denn je, dass mein Schicksal mich eines Tages einem Warenhaus von „Naam" machen würde: dem göttlichen Licht.** Die Zeit wird die Wahrheit oder die Haltosigkeit dieser Offenbarung zeigen. Ich verstand sehr gut, dass es eine fantastische Welt in den Tiefen der mystischen Erfahrung gibt, eine göttliche Welt, in der alles möglich wird und wo es ausreicht, etwas zu wünschen, damit es geschieht. Doch muss das Begehren äusserst rein und ohne Selbstinteresse sein, gewidmet dem Guten unserer Seele und dem für andere. Dieser Zustand ist mit dem Betrachten des Lebens unter dem Mikroskop zu vergleichen, wenn man alle Einzelheiten sehen kann. Im normalen Bewusstseinszustand sieht man mit blossen Augen nichts, was Tiefe hat.Wenn ihr jedoch denkt, dass wir über Nacht Erleuchtung oder eine plötzliche derartige Erfahrung machen können, so irrt ihr. nur jene, die alles dazu tun, die Wiederholung der heiligen Namen ununterbrochen zu betreiben, komme was wolle, können auf eine solche Möglichkeit hoffen; andernfalls machen wir uns nur unnötig etwas vor.

SIMRAN

Voller Kraft sind die Handlungen des Gemüts, gross seine Reichweite.

Es ist ein riesiges Warenhaus von Erinnerungen, Fantasien , Ängsten, Vorstellungen, Emotionen und Gefühlen.

Es hőrt niemals auf zu handeln; mit 1001 Gedanken in der Nacht und mit hundert Träumen.

Seit dem Betreten der Schwelle zu diesem Leben bis zum Tor des Todes, handelt es ohne Unterlass.

Doch selbst dann hőrt es nicht auf; nachts erlebt es Alpträume,

beim Tod erwarten es zahllose selbst erschaffene oder eingebildete Wirklichkeiten

eines paradiesähnlichen oder hőllischen Zustandes, je nach seinem Entwicklungsstand.

Den Strom der Gedanken musst du einsperren,

indem ein Damm, eine Barriere erschaffen wird, die ihn begrenzt und aufhält.

Dann werde zu einem mächtigen Feuer, welches durch seine Hitze das ganze eitrige Wasser verdampfen lassen kann.

Simran, Zikhr, Japa, die Erinnerung, die Wiederholung Seiner heiligen Namen sind der Staudamm, der die wilde Flut aufhalten wird.

Diese Erinnerung, die Wiederholung oder das anhaltende Gebet

wird dann eine solche Leidenschaft und Feuer gőttlicher Liebe entwickeln,

dass diese Hitze das ganze aufdringliche und bedrückende Wasser verdampfen lässt.

5.7.2002

DAS SINGEN HINGEBUNGSVOLLER HYMNEN (BHAJANS)

Auf dem Weg der Heiligen wird das Wort „Bhajan" in vierfacher Hinsicht verwendet: Erstens bezeichnet es den Inneren Klang oder den Tonstrom, oder auch die Meditationsübung des Hőrens auf den Ton, aber auch die Meditationspraxis im allgemeinen (auf das innere Licht und den Klang) wird so genannt. Bisweilen wird damit auch das Singen hingebungsvoller Hymnen, die von grossen Meistern geschrieben wurden, als das „Singen von Bhajans" bezeichnet.

Dieses stellt eine sehr wichtige spirituelle Übung dar, die in Verbindung mit den zwei Meditationstechniken, dem Fűhren des Tagebuches, der beispielhaften ethischen Lebensfűhrung und dem Satsangbesuch (periodische Meditationstreffen der Initierten) eine grosse Hilfe beim inneren Wachstum ist. Oft geschieht es während des Singens von Bhajans, dass man segensreiche Bewusstseinszustände voll innerer Berauschung, Freude und Liebe fűr den Meister und Gott erlebt, die sogar intensiver sein kőnnen als wahrend der Meditation. Es ist von grosser Bedeutung, dass diese gőttlichen Liebeshymnen aus tiefstem Herzen und mit ganzer Seele und ganzer Aufmerksamkeit gesungen werden. Wenn diese Bedingungen gegeben sind, entwickelt sich spontane innere Sehnsucht und das Zurűckziehen vom Kőrperbewusstsein.

Das erste Mal hőrte ich sie während eines Satsangs mt Meister Kirpal, als ich ihn das erste Mal 1973 traf. Es war eine gewaltige Menschenmenge unter einem grossen Zelt versammelt (ungefähr sieben- bis achttausend Leute) und zu diesem Anlass waren Frauen einer Blindenschule eingeladen, um einige Bhajans auf so wunderbare Weise zu singen. Auch sang Tai Ji, die Haushälterin des Meisters, mit ihrer schőnen Stimme, die die Atmosphäre mit lieblichen und berauschenden Melodien erfűllte.

Dies hatte eine überraschende Wirkung auf mich: Diese Lieder schienen mir so bekannt, als ob ich sie schon immer gekannt hätte. Auch wurde ich von sűssen und sehr intensiven Gefűhlen der Liebe von ungeahnter Tiefe erfűllt. Am Ende dieses Nachmittags voll dieser exstatischen Lieder fűhlte ich mich so erhoben, voll der intensivsten magnetischen Schwingungen, dass mir war, als badete ich in Pudding oder Sahne. Dann versetzte uns der Meister in Meditation und ging fort. Dabei hatte ich eine grosse spirituelle Erfahrung. Meister Kirpal hatte unter seinen Anhängern ein paar Menschen, die professionelle Sänger waren und sie leiteten meistens das Singen während der Satsangs. Nicht jeder übernahm dies

Rolle, andere beschränkten sich darauf, die Leadsänger zu begleiten und so baute sich eine himmlische Atmosphäre auf, da diese Menschen wirklich ihre Kunst beherrschten und ganz bestimmte Klangeffekte hervorrufen konnten.

So hatte ich während seiner Satsangs, der Konferenz zur Einheit der Menschheit und bei anderen Anlässen, sehr intensive und angenehme Erfahrungen, dadurch dass diese himmlischen Sänger mit ihren Liedern hingebungsvolle Gefühle wachriefen.

Schon zur Zeit von Meister Kirpal begannen wir also diese Bhajans unter uns im Mailänder Satsang zu singen. Auch dort genossen wir wundervolle Augenblicke voller Tiefe. Als sich später Sant Ji Maharaj als grosser Liebhaber und Komponist solcher Hymnen erwies, konnte ich meine Fähigkeit, diese Hymnen auf besondere Weise zu singen weiterentwickeln, so dass sie sowohl auf mich als auch bei anderen ihre Wirkung hatten. Nach und nach erkannte ich, dass diese Lieder ein grosses Geschenk der Meister sind, und wenn man sie mit Hingabe, Konzentration, Liebe und gekonnt singt, daraus aussergewöhnliche Effekte auf leichtere und ungezwungenere Art und Weise hervorrufen können, als es die Meditation vermag.

Es ist nicht immer leicht zu meditieren, zumindest ist es nicht für jeden einfach, sich bei jeder Meditationssitzung zu konzentrieren und den Frieden des Gemüts und innere Stille zu geniessen. Meistens gelingt es den Menschen nicht so gut und mit der Zeit fällt es ihnen schwer zu meditieren, da sie ja wissen, dass sie das Gemüt nicht beruhigen und die innere Tiefe erreichen können. Wenn man aber erst ein paar Bhajans mit Freude und Hingabe singt, entsteht eine angenehme innere Wärme, Gefühle göttlicher Liebe und eine grössere Empfänglichkeit für die Meisterkraft, die von oben kommt. Der höchste Vater Kirpal sagte, dass das Singen hingebungsvoller Lieder dabei hilft, die Empfänglichkeit für die innere Kraft zu entwickeln und er empfahl oft, mindestens ein solches Lied vor der Meditation zu sigen. Auch Sant Ji hielt dies so und er empfiehlt in seinen Botschaften und seinen Ansprachen vor oder nach dem Bhajansingen in seiner Gegenwart immer wieder, solche Bhajans zu singen, wenn man sich zum Meditieren hinsetzt.

Es gibt Menschen, die das zuerst nicht schätzen und es für überflüssig und seltsam halten. Das ist bei vielen anfangs so, aber wenn sie weiter zum Satsang kommen und sich dem öffnen, empfinden sie bald etwas besonderes bei diesen Liedern und fühlen sich dazu bewegt, mitzusingen. Dieses Singen führt im Allgemeinen zu Freude und Leichtigkeit. Das Singen hingebungsvoller Hymnen von grossen Seelen und von göttlicher Liebe verfasst, ruft ein sehr intensives, tiefes und erhabenes Empfinden hervor, da sie an Gott oder den Meister als Seine Offenbarung gerichtet sind.

Sant Ji sagte oft, dass der Wind beim Durchstreifen des Feuers denjenigen auf der anderen Seite eine grosse Wärme mitbringt. Wenn er durch eine Eiszone weht, wird er einen zum Frieren bringen. Damit wollte er verdeutlichen, dass die Gesänge, die von den grossen Meistern verfasst wurden, welche ein Herz voll der göttlichen Liebe haben, auch uns diese Gefühle vermitteln wenn wir sie singen und so werden wir auch in unserem Herzen mehr oder weniger diese brennende Liebe empfinden. Wenn die Lieder von normalen Menschen geschrieben wurden, bar der göttlichen Liebe und intensiver Hingabe, wird der Effekt des Singens solcher Kompositionen minimal sein, vielleicht werden wir uns oberflächlich an ihnen erfreuen, doch wir werden nicht durch das tiefe Gefühl der Liebe erfüllt, das unser Bewusstsein in grosse Höhen erhebt.

Unter den indischen Anhängern ist das Singen dieser Hymnen sehr beliebt und geschätzt; mit ein paar guten Bhajans kann man in Indien jeden für sich gewinnen. Als ich einmal mit Irena (meiner Frau) im Jahre 2000 in Indien war und wir eine Busfahrt von Rishikesh nach Delhi unternahmen, erreichten wir eine Stadt , wo der Fahrer bei einem Restaurant anhielt, um zu Mittag zu essen. Gerade angekommen, bemerkte ich, dass gerade dort eine Satsanghalle des Radhasoami von Beas stand. Mit Irena besuchte ich diesen Ort und wir bemerkten, dass nahe des Hauptgebäudes sechs oder sieben indische Frauen auf Holzbetten sassen um sich auszuruhen, da sie gerade den Platz ausgefegt hatten. Wir gingen zu ihnen und begrüssten sie mit „Radha Soami" (ihre Form des Grusses). Sie hiessen uns freudig willkommen und baten uns, auf einem der Bettgestelle Platz zu nehmen. Mit grosser Gastfreundschaft boten sie uns Tee und Lassi (Yoghurt verdünnt mit Wasser und mit Gewürzen) an und wir unterhielten uns mit einiger Schwierigkeit. Da sie aber kein Englisch sprachen, fragte ich sie, um ihre Scheu zu überwinden: „Wollt ihr einen Bhajan singen?" Diese Idee gefiel ihnen und sie versuchten in ihrem Gedächtnis ein Lied zu dieser Gelegenheit auszugraben. Aber sie konnten sich nicht so recht entscheiden und wir mussten doch bald wieder aufbrechen und so sprach ich: „Gut, dann singe ich für euch, einverstanden?" Dieser Vorschlag eines Westlers überraschte sie sehr (es gibt kaum Westler, die diese Hymnen auf Punjabi singen können), aber darüber erstaunt, antworteten sie, dass sie das gerne hören würden.

Ich sang eine Hymne von Guru Arjan, die sie ganz sicher kannten. Sobald ich den ersten Vers zu singen begann, entstand eine solche Welle der Hingabe, Liebe und Intensität, dass eine der Frauen in Tränen ausbrach und die anderen damit ansteckte. Als ich fertig war, öffnete ich meine Augen (ich sang mit geschlossenen Augen) und stellte fest, dass sie mich alle mit aneinander gelegten Händen darum baten, ein weiteres Lied zu singen. Ich stimmte zu und es war, wie wenn man Benzin in ein schon brennendes Feuer giesst: Eine Welle himmlischer Gnade wurde zu einer Flut. Schliesslich wollten sie alles Mögliche hergeben, um uns bei sich zu behalten, aber wir mussten laufen, um den Bus noch zu erreichen, in dem sich unser Gepäck befand. Diese Welle der Gnade hielt den restlichen Tag an.

Typischerweise werden diese Bhajans, da sie von Meistern verfasst waren, die bisher immer indisch waren und Punjabi oder Hindi sprachen, von den Indern und Westlern eben in jenen Sprachen gesungen. Einige Westler finden es anfangs merkwürdig in einer so unbekannten Sprache zu singen, doch allmählich überwindet man dieses Hindernis und man kann selbst in diesen Sprachen relativ leicht singen. Doch zu denken, dass diese Hymnen unbedingt nur in diesen Sprachen gesungen werden dürften, ist ganz gewiss falsch. Es gibt eine derartige Vorschrift nicht und einige dieser Lieder eignen sich sehr gut dazu, ins Italienische (oder einer anderen Sprache übersetzt zu werden, und sie lassen sich dann auch sehr gut singen. Bei mir war es so, dass ich sie in diesen 29 Jahren von Zeit zu Zeit nicht mehr auf Punjabi singen mochte. Doch da ich nicht anders kann als singen – der Drang dazu entsteht in mir immer wieder spontan, begann ich einige davon ins Italienische zu übersetzen und so zu singen. Einige Lieder wurden von mir in Augenblicken besonderer Inspiration komponiert und auch diese begann ich zu singen (ein paar davon sind in diesem Buch enthalten).

Es gab ein paar Initierte, die sich fragten, ob es in Ordnung sei, dass ich sie auf Italienisch sang und falls der Meister tatsächlich etwas dagegen hätte, entschloss ich mich, an Sant Ji zu schreiben, um seine Meinung dazu zu hören. Damals wurde ich auch eingeladen, in Grosseto einen Vortrag über Sant Mat zu halten, und auch dazu wollte ich den Rat des Meisters einholen, denn ich hatte noch Vorbehalte. Die Antwort lautete folgendermassen:

„Lieber Sirio,

die Liebe und der Segen des Meisters mögen immer bei dir sein. Ich habe deinen Brief erhalten und gelesen, worum es geht...

Es ist nichts falsches dabei, Bhajans auf Italienisch zu singen, wenn ihre wirkliche Bedeutung beim Übersetzen erhalten bleibt. Der Zweck des Bhajansingens liegt darin, einen starken Wunsch und eine Sehnsucht nach dem Meister zu erzeugen. Es ist egal wie du es tust, es ist auf jeden Fall in Ordnung...Es ist auch gut, Vorträge über Sant Mat zu halten, wenn die Leute empfänglich sind...

Mit all Seiner Liebe

Dein Ajaib Singh"

Und so sang ich manchmal, wenn ich mich nicht nach Hindi und Punjabi fühlte, auf Italienisch und die Wirkung ist die gleiche, wenn nicht sogar besser, denn es besteht ein grosser Unterschied darin, ewas zu singen, ohne es zu verstehen und dem Singen eines Liedes, dessen Bedeutung man schon während des Singens versteht und nicht erst die Übersetzung am Ende liest. Im Allgemeinen fühlten sich die Italiener verlegen oder verschämt, beim Satsang Italienisch zu singen (jetzt ist das nicht mehr so). Als ich während der Retreats oder Satsangs auf Italienisch sang, hörten die anderen meist nur zu und wenige stimmten mit ein. Das ist ein seltsames zu beachtendes Phänomen: Wenn Inder die Bhajans für den Meister singen, bedeutet zum Beispiel „Pyara Satguru Meri" „Mein geliebter Satguru". Damit will ich sagen, dass es nicht dasselbe ist, wenn wir sagen „Satguru Pyara Meri." Fur uns bedeutet es nichts, aber wenn man sagt „mein geliebter Satguru", bedeutet es eben genau das und nicht weniger. Wir sollten uns also nicht schämen, unsere Gefühle zu unserem Meister in unserer Sprache zum Ausdruck zu bringen und nicht ewas in einer unverständlichen Sprache singen, wenn wir nicht wissen, was es bedeutet. Mir scheint, es ist bei den Satsangis schon zu einer kulturellen Eigenart geworden, diese Hymnen auf Punjabi zu singen und sie wollen von diesem Brauch nicht lassen. Aber auch hierbei gilt, dass wenn etwas zu einem Ritual wird, es zu einer Abhängigkeit führt, die unsere Handlungsfreiheit einschränkt.

RETREATS

Im Buch Meister Kirpals „Krone des Lebens" spricht er vom Surat Shabd Yoga, dem Yoga, bei dem ein Versuch gemacht wird, die Einheit zwischen der individuelen Seele (dem Surat) und der universellen Seele (dem Shabd) wieder herzustellen. Indem er die hilfreichen Faktoren auf diesem Pfad darlegt, sagt er an einer Stelle „Wer diesem Wege folgt, wird es hilfreich finden, sich ab und zu von den Aktivitäten und Pfllichten der Welt zurückzuziehen, um sich nur den spirituellen Übungen und dem inneren Wachstum zu widmen."

Auf diesem Weg ist eines der wichtigsten Prinzipien für den Meister und die Schüler, sich den eigenen Lebensunterhalt zu verdienen, also eine ehrliche und rechtmässige Arbeit auszuüben. Natürlich gibt es Berufe, die das innere Wachstum mehr fördern als andere, aber jeder muss die Arbeit tun, die dort wo er lebt, verfügbar ist. Jede Arbeit ist gut, wenn sie im Geist der Hingabe und Konzentration ausgeübt wird. Satguru Kirpal sagte, dass Arbeit Gottesdienst ist und damit meinte er, dass man daran denken soll, die Arbeit für Gott zu tun und nicht für den Arbeitgeber. Auch wird jede Handlung, die mit innerer Sammlung und mit guter Absicht ausgeübt wird, zu einem Werkzeug der Konzentration. Er fügte hinzu: „Tut eine Sache zur Zeit, vollkommen, ganz und gar, vertieft euch in das, was ihr tut und vergesst alles Übrige."

Diese Haltung wird bei jeder Art von Arbeit fabelhafte Ergebnisse hervorbringen und uns von der Langeweile schützen, die sonst alle Menschen befällt. Darum muss sich jeder auf diesem Weg seinen Lebensunterhalt auf die eine oder andere Weise verdienen und die spirituellen Übungen sollen in einem Geist der Widmung und voller Interesse ausgeübt werden.

Die Meister dieses heiligen Weges lehren durch ihr Beispiel und nicht Vorschriften sowohl in Theorie als auch in der Praxis, dass die Spiritualität, also die Wissenschaft oder das Wissen, über das Herstellen einer Verbindung zwischen der individuellen Seele und der höchsten Seele, etwas ist, das kostenfrei als ihr selbstloser Dienst an der Schöpfung übermittelt wird.

Auf diese Weise zahlen wir unserem Meister seinen grossen selbstlosen Dienst an uns und seinen Ergebenen zurück. Und in der Tat tut er alles in seiner Funktion als Meister selbstlos ohne einen Cent Gebühren dafür zu verlangen. Für seinen Lebensunterhalt hat er entweder eine andere Tätigkeit oder lebt von seiner Rente.

Heutzutage ist ein Handel mit dem Geist, d.h. mit spirituellen Übungen aufgekommen, und jeder, der etwas auf diesem Gebiet gelernt hat und wieder in den Westen zurückkehrt, versucht es sogleich zu vermarkten, um davon leben zu können. Daher erfinden solche Menschen alle möglichen Dinge und bieten dann mit gutem Marketing spirituelle Praktiken an wie jede andere Firma, die Konsumgüter anbietet. Ich habe schon viel darüber gesprochen und ich wiederhole, dass es wichtig ist, dass der Geist, das innere Licht, nicht verkauft werden kann, sondern es wird kostenlos auf die gleiche Weise übertragen, wie es uns frei gegeben wurde.

Nach oben Gesagtem wird deutlich, dass es wichtig ist, die weltlichen Aktivitäten einzuschränken, um uns den spirituellen Übungen noch intensiver zu widmen. Indem wir ausserdem unsere Pflichten als Bürger und gegebenenfalls Eltern erfüllen, vertiefen wir uns vollständig in die materiellen Dinge und unser inneres Selbst wird immer frustrierter und unzufriedener, bis es den Punkt erreicht, an dem es laut und verzweifelt nach Hilfe ruft. Die weltlichen Aktivitäten sind jedoch kein Mittel, um die Befreiung der Seele zu erreichen, selbst wenn sie ehrlich und mit einem Geist der Hingabe ausgeübt werden.

Aber doch, wenn ihr den Simran bei diesen Tätigkeiten übt, wenn ihr Bhajans singt, um eine innere Leichtigkeit aufrecht zu erhalten und mindestens zwei Stunden täglich meditiert sowie regelmässig am Satsang teilnehmt, könnt ihr ein ausreichendes Ausmass spiritueller Bewusstheit und eine innere Verbindung selbst inmitten all dieser Tätigkeiten aufrecht erhalten. Aber wir sind Enten geboren im See der Seele, oder Meeresfische, nicht Flusskarpfen und daher müssen wir in Abständen immer wieder in die Tiefen des göttlichen Geistes eintauchen, um Körper und Seele mit dem inneren Licht zu tränken.

Wer auch nur einmal in seinem Leben von der Freude, der Berauschung und dem Empfinden der Ganzheit gekostet hat, welche die innere Erfahrung der Verbindung mit dem Naam hervorruft, dem alldurchdringenden Geist Gottes, wird diese Erfahrung niemals vergessen und sich immer wieder dazu aufgerufen fühlen, dieses intensive Erleben wiederzuerwecken. Andernfalls wird solch eine Seele sich wie ein Fisch, der aus dem Wasser gezogen wird, quälen und winden.

Eine Ausgewogenheit zwischen der weltlichen Geschäftigkeit und den spirituellen Praktiken muss herrschen, damit wir fähig dazu sind, dem Kaiser zu geben, was des Kaisers ist, und Gott was Gottes ist und dies ist eine weitere Bedeutung dieses Bibelzitates.

Wenn wir nicht allmählich alles Materielle aufgeben und Körper und Seele den spirituellen Übungen widmen, könnten unsere täglichen Übungen allmählich steril werden und nicht mehr die gewünschten Wirkungen hervorrufen und sogar oftmals ganz vernachlässigt werden. Dadurch werdet ihr euer spirituelles Ziel, was ihr euch selbst gesetzt habt, aus den Augen verlieren und in der Grobstofflichkeit der materiellen und sinnlichen Dinge vollkommen aufgehen. So kommt es, dass man Menschen begegnet, die früher einmal so begeistert den Weg gegangen sind, dann aber der Materie erlaubten, Vorrang vor dem Geist zu erlangen, und so den Zweck ihres Lebens völlig vergessen haben, indem sie tief in der materiellen Sinneswelt versanken. Dadurch belasteten sie ihre Seele, ihr Bewusstsein und ihre Existenz jenseits aller Vorstellungkraft. Einige kommen sogar dazu, negative, falsche und verletzende Taten an sich selbst und anderen auszuüben, so dass sie selbst die schlimmsten Wesen dieser Welt nicht beneiden werden. Dann trifft man sie wieder und sie haben ein so ganz anderes Gesicht, als damals, als sie den Weg noch gingen. Ihre Aura ist pechschwarz und weist auf den Bewusstseinszustand hin, in welchem sie sich befinden.

Wer hingegen seine täglichen Übungen verrichtet, seine Sehnsucht wachhält, regelmässig neben seinen beruflichen und familiären Pflichten zu den Retreats kommt, die hier im Ashram ab und an stattfinden, oder auch an anderen Orten, wird die spirituelle Seite des Lebens, aber auch die weltliche Seite voll und ganz geniessen können. Wenn man die Dinge der Welt nicht über die der Seele stellt, wird sich ein gesundes Gleichgewicht zwischen beiden und ein kontinuierlicher und sicherer innerer Fortschritt einstellen.

Das beste Retreat ist das in der Gegenwart des Meisters, denn sobald man sich auf seine Anwesenheit vorbereitet, die Balsam für die Seele ist, gelangt man in einen Zustand tiefer Spiritualität. Wenn wir dann bei ihm ankommen, werden wir auf unbeschreibliche Weise im Bewusstsein erhoben und verbringen in seiner Gesellschaft die denkwürdigsten Tage unseres Lebens, die es wirklich wert waren, sie zu erleben. Wer das selbst erlebt hat, wird diese Feststellungen nicht seltsam finden, sondern es für merkwürdig halten, wenn ich etwas Entgegengesetztes sagen würde. Alle Retreats, die ich mit dem Meister zusammen das Glück hatte zu erleben, sind die vielen Säulen, die mich am Leben erhalten und die meinen wahren Reichtum darstellen. Alles andere ist Staub, Asche, die sich in der unsicheren Irrealität in Nichts auflöst. Ich vermag mit all meiner Sicherheit zu erklären, dass jemand, der in seinem Leben nicht so glücklich war, eine intensive Liebesgeschichte der Hingabe und Widmung zu einem Meister zu erleben, sein Leben vergeudet hat.

Jedoch muss ich sagen, dass auch Retreats mit den Initierten ohne die physische Anwesenheit des Meisters extrem bedeutsam sind und wunderbare Frucht tragen. Die Tatsache, dass wir unbedingt die physische Gegenwart des Meisters brauchen, um regelmässig zu meditieren, ist ein starker Indikator für unsere kindliche und furchtsame Unreife. Der Meister wird auf jene stolz sein, die seiner aus dem Herzen kommenden Bitte zur Meditation nachkommen, wenn er nicht anwesend ist, und nicht auf diejenigen, die vorgeben zu meditieren wenn er körperlich da ist und dann in seiner Abwesenheit alles andere als das tun.

Seit 1973 bis heute habe ich in diesen einundzwanzig Jahren an mehr als hundert Retreats teilgenommen, ohne dass der Meister zugegen war und bei diesen Retreats habe ich grossartige Dinge erlebt. Natürlich war es bisweilen schwieriger wegen gewisser Ereignisse damals, aber bei anderen war es viel einfacher, denn es war eine Art von seelischem Frühling eingetreten, aber alle waren sehr nützlich und halfen bei einer Umorientierung. Ganz sicher und ganz besonders kam dabei die Meisterkraft mit ihrer überwältigenden Wirkung ins Spiel und liess uns voller Staunen ob seiner spirituellen Gegenwart mit offenen Mündern stehen. In diesem Kapitel habe ich bereits über verschiedene Auswirkungen der Retreats gesprochen und ich will nicht noch weiter in die Tiefe gehen, aber ich möchte betonen, dass man eine lange Zeit die spirituellen Übungen ausführen muss, wenn man ein wirklich spirituelles Leben führen will, indem wir uns vom ewigen Licht ernähren und nicht von den grobstofflichen Sinnen, damit wir in ein Lichtwesen verwandelt werden.

Alle religiösen oder spirituellen Traditionen, die unseren Respekt verdienen, haben immer schon die Ausübung der Meditation als ein Mittel, die physische und Gemütswelt zu überschreiten, um die Realität spiritueller Transzendenz zu erreichen, hervorgehoben. Sant Ji Maharajn sagte: „Es ist nichts, über das man spricht, sondern man muss es tun und dann wird man wissen, was es bedeutet." Um dieses Kapitel zu beschliessen, möchte ich an die Faktoren erinnern, die dabei helfen, auf dem heiligen Pfad zu wachsen und Fortschritte zu machen, so wie es der Meister zur Zeit der Einweihung immer empfiehlt:

1.   meditiert täglich,denn das ist wie das Bewässern einer zarten, jungen Pflanze nach der Initiation. Wenn ihr Setzlinge pflanzt und sie zu Beginn nicht täglich bewässert, werden sie schnell austrocknen und nicht mehr wachsen.

2.   Führt ein Tagebuch, um euer Leben, eure Charakterzüge, Tugenden und Schwächen zu beobachten. Es gibt Gewohnheiten, die zu kultivieren sind und solche, welche ausgemerzt werden müssen. Dies gleicht der täglichen Kontrolle

der Setzpflanzen, ob sie von Schädlingen befallen sind, oder ob es ihnen an etwas fehlt. Das ist genauso wichtig wie das anfängliche Bewässern. Wer nicht aufmerksam die Anfangsschritte beachtet, um sich von all den Dingen fernzuhalten, die ihn vom heiligen Pfad abbringen, wird nicht die Hindernisse und Versuchungen verhindern können, die ihn davon ablenken wollen. Es ist wie eine Selbstanalyse, um uns der wirklichen Ursachen bewusst zu werden die irgendwelche Reaktionen provozieren, und die wir dann nicht mehr kontrollieren können. Weit besser ist eine solche Analyse, als eine mit einem Psychoanalytiker, der selbst nicht all seine negativen Persönlichkeitszüge hat ablegen können, aber andere lehren will, dies bei sich selbst zu tun.

3.   Der Satsangbesuch ist ein anderer wichtiger hilfreicher Faktor. Es gleicht dem Einzäunen eines Gartens. Wenn man einen Gemüsegarten anlegt, die Pflanzen und Saat pflanzt, sie täglich bewässert, Medikamente gibt, wenn nötig, die Erde umgräbt und einengendes Gras herauszieht, aber keinen Zaun darum herum baut, können in der Nacht, und manchmal auch tagsüber die Wildschweine aus dem Wald oder die Schafe des Nachbarn kommen und alles wegfressen. Daher ist neben den übrigen Massnahmen auch das Errichten eines Zaunes wichtig. Der Satsang spielt eine solche Rolle beim Wachtum der jungen Pflanzen der Initiation.

Sant Ji pflegte zu sagen, dass der Satsang der Ort ist, an dem uns unsere Verfehlungen , Unvollkommenheiten und Schwächen bewusst gemacht werden, und dass wir nur durch den Satsang eine wirksame Selbstanalyse vollziehen können. Er betonte immer die wirklichen Vorteile des Satsangs mit einer recht schönen Geschichte: „Im Satsang des Meisters fand Kal (die Zeit oder die zentrifugale Kraft im Universum) keinen Platz. Kal fragte den Satguru daraufhin „Kann ich denn keinen Platz in deinem Satsang bekommen?" und der Satguru antwortete, dass sie nicht an seinem Satsang teilnehmen dürfe, doch wenn sie darauf bestünde, könne sie dort sitzen, wo die Lieben ihre Schuhe ablegen.

Wenn wir daher den erhellenden Worten des Meisters lauschen und bei jedem Hinweis und bei jeder Klarstellung auf unser Verhalten versprechen, dass wir etwas derartiges nicht wieder tun werden, niemals wieder solchen degradierenden Neigungen nachgeben und meditieren, wie der Meister es vorschlägt, dann fassen wir erst einmal gute Vorsätze, aber sobald der Satsang vorbei ist und wir dem Platz nahe kommen, wo die Schuhe stehen, dringt diese freundliche Kal in uns ein und wir vergessen die meisten unserer guten Absichten und wir beginnen wieder entgegengesetzt zu handeln."

Tröstlicherweise bleibt jedoch immer etwas bei jedem Satsang an uns haften und allmählich ändert sich unser Leben zum Guten. Dann wird die Zeit kommen, in der ein Satz des Meisters, oder ein paar Worte wie ein Pfeil in unseren Kopf eindringen, tief das Herz treffen und von da an werden wir nicht mehr die selben sein.

Dies sind die drei hilfreichen Faktoren, über die der Meister zur Zeit der Einweihung spricht, doch lasst uns drei weitere erwähnen. die ständige Wiederholung des Simrans während unserer täglichen Verrichtungen, den Meister wann immer möglich zu treffen und mit ihm zu meditieren, sowie die regelmässigen Retreats der Initierten zu besuchen. Dies alles wird uns einen stetigen Fortschritt auf dem spirituellen Weg sichern und bald werden wir im Vergleich zum Beginn zu jemand anderem werden.

Du warst der Erste und Du wirst der Letzte sein,

Besser bist Du mein Letzter, als mein Erster.

(Maulana Rumi)

Herstellung und Verlag:
Books on Demand GmbH, Norderstedt
ISBN 978-3-8482-0156-3